JN025568

本書は、認知症の疑いに直面した知的障害のある人の家族や介護者にとって、大変参考になるものです。読者に対して、認知症だけではなく他に考えられる健康問題への注意を喚起しながら、生活の質に重点を置いたコミュニケーション、パートナーシップ、アウトカムの改善のための情報を提供しています。この「家族のためのガイド」は、何度でも読む価値があると考えます。

メアリー・ホーガン
(Mary Hogan, Family Advocate, National Task Group
for Intellectual Disabilities and Dementia Practices (NTG), USA)

　認知症を知らない人はいないでしょう。しかしこれまで、知的障害のある人に認知症が疑われたときに、どのように支援していくかについての情報は、ほとんどありませんでした。そのような中で、本書は非常に読みやすく実践的であり、家族介護者や支援者に本当に役に立つことでしょう。本書は、認知症の種類についての解説、認知症を他の疾患や加齢による機能低下と混同しないための方法、認知症の診断を共有することのジレンマ、そして極めて重要である新たな状況に対応するための支援方法など、非常に多くの分野を網羅しています。最近、自分の家族が認知症になった経験をしましたが、本書があれば、どれほど助かったかと思います。

J・クルー
(J Crowe, Director, Learning Disability Wales and President,
European Association of Service Providers for People with Disabilities
(EASPD))

知的障害と認知症

家族のためのガイド

Intellectual
Disabilities and
Dementia

A Guide for Families

Karen Watchman
Daisei Kinoshita
Chisen Takeuchi
Kevin M. McManus

著者
カレン・ウォッチマン

監訳者
木下大生／竹内千仙／ケビン・M・マクマナス

家族のためのガイド

現代人文社

日本語版刊行に寄せて

　私が知的障害のある人の認知症に関心を持ったのは、英国のNGOであるスコットランドダウン症協会（Down's Syndrome Scotland）の最高責任者を務めていたときでした。そこでダウン症候群のある人の家族に深く関わっていた際に、認知症になったダウン症候群のある男性の妹と「いつかこの本を書く」と約束をしました。それから数年後、私は知的障害のある人の認知症についてのテーマで修士号と博士号を取得し、この分野でさらに多くの研究に取り組み、ようやくこの約束を果たすことができました。本書は私が執筆したものではありますが、これまでの認知症支援での経験、そこに寄せられた声や希望、フラストレーションなど、家族、知的障害のある本人、ソーシャルワークやケアの提供者との15年にわたる対話を集約したものです。本書が彼らの物語をありのままに語ったものであることを願っています。

　本書は知的障害のある人の認知症に焦点を当てていますが、全体を通して2つの重要なテーマがあります。1つ目は、誰もが年を重ねることによって健康状態の変化を経験しますが、それら変化のすべてがアルツハイマー型認知症やその他の認知症による症状ではないことを理解することです。友人や家族、スタッフは、行動やコミュニケーションの変化を見極める上で重要な役割を果たします。本書では、認知症の診断を考える前に

まず考慮すべき病気や、健康状態の変化を取り上げています。２つ目は、認知症と診断されても本人を支援する方法はたくさんあるということで、本人の目を通して世界を見るための方法を提案しています。

　本書を日本の皆さん、とりわけ知的障害のある人の家族の皆さんと共有できることを嬉しく思いますし、知的障害のある人の認知症について、より多くの人に知っていただく機会を与えていただいたことに感謝しています。

　本書で特にお伝えしたかったことは、本人がより良く老いを迎えることができるように、早めに計画を立てることの重要性です。そのためには、認知症の診断を受けることの意義を理解し、できないことよりも本人の残存する能力、つまりまだできることに焦点を当てていくことが必要です。最後に、知的障害のある人の介護を担う家族と支援者の皆さんの、その献身的な支援と、よりよい支援のための継続的な学びに対して、心からの敬意と謝意を表します。

カレン・ウォッチマン（スターリング大学）

凡 例

註は、註番号近くの頁に傍註として示した。

初出の人名や地名等については、（　）でアルファベット表記で示した。

本文中の〔　〕は訳者による捕註である。

［→●頁］は、「本書の●頁以下を参照」を意味する。

装画・挿絵

"Image from the Biodiversity Heritage Library. Contributed by [Missouri Botanical Garden, Peter H. Raven Library]. | www. biodiversitylibrary.org"

Chapter 1

はじめに

　知的障害のある人の寿命が伸びています。これは知的障害があっても健康的に年を重ねられるようになったということを意味しており、本当に喜ばしいことです。これまで知的障害がある人の親は、たとえ彼らと一緒に住み続けていなかったとしても生涯にわたり、つまり成人した以降も彼らのケアをしてきました。しかし、研究と政策の対象となることはありませんでした。知的障害のある高齢者の数が増えているにもかかわらず、です。

　ダウン症候群のある人々が、高い認知症のリスクを有していることは確かです。しかしまず、すべての人が認知症を発症するわけではないことを理解しておくことが重要です。本書の目的は、認知症を発症した知的障害のある人のために、その家庭内での議論を活発化することで、これまでとは異なる状況へと対応すること、積極的な支援をすることへの自信を高めることです。本書では、認知症と間違われることが多い、加齢に伴って生じる心身の変化についても記載しています。また家族が重要な役割を担うとはいえ、家族のみによるケアを継続することを期待しているわけではありません。地域における支援は居住

地域によって決まっており、その中で家族が中心的な役割を果たすことは期待されてはいますが、家族の果たす役割はその支援計画の一部であり、すべてではありません。

　多くの知的障害のある人は家族と一緒に暮らしており、英国では約3分の2、米国では約4分の3の割合に及びます〔日本では、在宅の知的障害のある人は、96万2千人で、知的障害のある人の88.9％に及びます。年齢階層別の内訳をみると、18歳未満 21万4千人（22.2％）、18歳以上65歳未満58万人（60.3％）、65歳以上14万9千人（15.5％）となっています。身体障害のある人と比べて18歳未満の割合が高い一方で、65歳以上の割合が低い点に特徴があります（内閣府『平成30年版　障害者白書』）〕。この場合、家族は本人のケアに深く関わっており、たとえ本人がグループホームや施設に入所している場合であっても、ケアに密接に関わっているという現実があります。中には認知症の可能性になかなか気づかず、そうであることを認めざるをえない状況になって初めて認知症に気づく家族もいますが、これは無理のないことです。しかしながら、特にダウン症候群のある人では認知症の合併が多いため、家族は認知症のことについて積極的に考えざるをえないでしょう。困難な問題を避けずに、適切な時期に情報を提供するためには、丁寧なアプローチが必要です。知的障害のある人の平均寿命が延びるほど、高齢の知的障害のある人の割合も増加し、一緒に生活する家族は自身がさらに高齢になっても介護の役割を担うことになります。高齢となった家族介護者には、より良い情報提供とより実践的な支援が必要となります。多くの知的障害のある人、とりわけダウン症候群のある人とその家族は、彼らが年齢を重ねることによってさらに多くの課題に直面しており、家族は将来自分が介護をできなくなってしまうことについて絶えず心配しています。それにもかかわらず実際には、介護者は一貫して先を見据えた計画を立てることに消極的であることがさまざまな研究から示されており（Foundation for People with Learning Disabilities, 2013)、親が年金を受給する年齢になったり親が病気になったりした際には、他の家族にケアをしてもらうことになることがわかっているにもかかわらず、なかなか計画を立てられない現実があります。知的障害のある人の多くが親より長生きするようになるにつれて、兄弟姉妹とそのパートナー、その他の家族の役割が増えることになります。兄弟姉妹には、親が行っていた支援の経験が不足している可能性があり、これは親が何十年にもわたって自身の子どもの権利擁護のため、サービスや普通教育を勝ち取るために〝闘って〟きたためです。知的障害のある人やダウン症候群のある人たちは、しばしば支援団体からの支援を受けていますが、それらの支援団体は初期には親が主導するものでした。今やその子どもたちは成人し、ニーズはますます複雑化しています。親は子どもが成長すると、自分たちが若かったときに「やるべきことはやった」と言って、若い親にその支援団体での役割を引き継いでいきます。多くの家族は、すでに大人になった子どもたちの健康状態の変化に直面しても、自分自身のこれからの人生と健康問題にも同時に対応していく必要性に迫られており、以前のような役割に戻ることは難しいと思うようになるのです。

用語について

言葉は重要です。認知症と診断された人と話すときは、適切な用語と言葉に注意が払われなければなりません。英国のディメンティア・エンゲージメント・アンド・エンパワーメント・グループ(Dementia Engagement and Empowerment Group: DEEP,

2014)とアルツハイマーズ・オーストラリア(Alzheimer's Australia)の2つの団体によってガイドラインが作成され、認知症のある人について述べる際には、言葉を明確にし、公共の場やメディアがこの重要性を認識し、スティグマ[スティグマとは、もともと烙印の意味ですが、現在は、他者や社会集団によって個人に押しつけられた負の印象を持たせるレッテルのことをいいます]とならない言葉を用いることが強調されています(Alzheimer's Australia, n.d.)。知的障害のある人の家族は、長年にわたって差別的な言動と闘ってきたかもしれませんが、認知症の診断後にも、これが日常生活の一部とならないことが重要です。

「アルツハイマー」という用語は、認知症の原因となった実際の病名ではなく、認知症全般を指す一般的な言葉として使われているのが現状です。しかし、認知症の原因となった疾患により、その初期症状や症状の進行、行動の変化が異なるため、認知症をなんでもアルツハイマー型認知症と呼んでしまうのは正しくありません。認知症にはさまざまな原因があり、アルツハイマー型認知症、前頭側頭型認知症、レビー小体型認知症、血管性認知症などが原因となります。軽度の認知症と診断された直後の人には、これまでの支援に加えて別の支援が必要になる場合もあれば、新たな支援の必要がない場合もありますが、重度の認知症のある人は、健康や幸福の増進のために多くの支援が必要となります。

ここでは、認知症という用語を明確にしておく必要があります。認知症はひとつの病気ではありません[本章末尾の訳註参照]。認知症とは、徐々に脳の機能の低下をきたすさまざまな病気の総称であり、その中でも最も頻度の高いものがアルツハイマー型認知症です。認知症の進行には個人差があり、それに伴う脳の機能低

下も人によって異なります。同じ病気による認知症でも、まったく同じ経過をたどる人は2人といません。これについては第2章で詳しく説明します。

このように適切な用語を重視することは、「知的障害」においても当てはまります。たとえば、「学習障害」と「知的障害」の使い分けなど、用語の選択は国によって異なります。なお、英国では現在、「知的障害(Intellectual disability)」の用語を使うことが多くなってきています。私たちはしばしば、認知症の文脈の中では、ダウン症候群の意味で知的障害の用語を使ってしまうことがあります。知的障害のある人は、30〜40歳で認知機能のベースラインの評価を受けるべきである(それぞれの国のガイドラインによって異なります)〔ベースラインについては47〜48頁参照〕、知的障害のある人は認知症になるリスクが高い、などのように表現されますが、ここでの知的障害のある人はダウン症候群のある人を指しており、誤解を招きやすく、不正確です。本書では、知的障害のある高齢者を支援する家族介護者、特に親や兄弟に焦点を当てていますが、その中にはダウン症候群のある人に特有の問題もあります。

知的障害と認知症とともに、よく生きる

この50年間の医療的ケアと社会的ケアの著しい進歩は、知的障害のある人の平均寿命の伸長をもたらしました。ただこのことで、高齢のダウン症候群のある人が罹りやすい病気が明らかになってきました。その中のひとつが認知症です。ダウン症候群のある人は40〜60歳になると、認知症になる人の割合や数が著しく増加します。報告によってその割合は異なりますが、

一般的にダウン症候群のある人では50歳代で30%以上、60歳代以上では50%以上の人に認知症が合併すると言われています(Strydom *et al.*,2007)。

　認知症になってもよく生きるためには、多くの人の助けが必要です。これは、知的障害がある人にとっても変わりないことです。私たちは、認知症のある人が自律のための支援と生活の質の向上を求める、ディメンティア・アライアンス・インターナショナル(Dementia Alliance International)[1]などの世界的な権利擁護運動の高まりを見てきました。ただ残念ながら、知的障害と認知症がある人のための権利擁護については、まだこれほどの運動はありません。

アウトカムを重視することとは？

　本書全体を通して繰り返し取り上げるテーマは、アウトカムを重視することの重要性についてです。しかし、これは何を意味するのでしょうか？　アウトカムとは、知的障害のある人にとっての最終的な結果のことです。これは状況によって異なりますが、その人個人が設定した優先順位の高い事柄を達成することを目指すべき、という考えです。

　アウトカム・フォーカス・アプローチをとることで、家族は知的障害のある人の人生に良い影響を与え、貢献できるようになり、自分が果たすことのできる積極的な役割を認識し続けることができるようになります。これは、知的障害のある本人、

1　認知症とともに生きる人々の意見を代表する非営利団〈https://www.dementiaallianceinternational.org/〉。

【写真1-1】

＊成人の兄弟姉妹は、複数の介護の役割を持つことがよくあります。

　家族、仲間、支援の専門家の間の協働によって行われます。こ
のような包括的アプローチは重要であり、あなた自身がこのプ
ロセスのすべてをリードすることを考える必要はありませんが、
本書を読んでいるあなたとあなたの家族は、その重要な一部で
あるのです。

　アウトカムは、人によって異なる意味を持ちます。たとえば、
政府によるアウトカムとは、5歳未満の小児医療を改善したり、
病院の待ち時間を短縮したりすることかもしれません。しかし、
アウトカムは常に変化をもたらすものではありません。家族に
とって、前向きなアウトカムに向けて取り組むということ自体
が目標となることがあり、必ずしもすべての家族が同じ希望を
持っているとは限らないことを認識しておかなければなりませ
ん。これは理解が簡単ではないため、後でまた整理します。あ

る家族にとっての望ましいアウトカムとは、「現状を維持する」ことかもしれませんが、そのために、より手厚い支援が必要になるかもしれません。認知症の症状の進行に合わせて、あなた自身と知的障害がある家族の望むアウトカムを再検討し続けることが大切です。本書では、認知症のさまざまな段階におけるアウトカムを発展させるための枠組みを、「維持」と「変化」という2つのカテゴリーに分けて、誰が関与すべきかを考慮しながら示しています。

- 維持のアウトカム：現状維持のために必要なことは何か？
- 変化のアウトカム：現状を改善するために必要なことは何か？

　システム全体のアプローチ〔ここでいうシステムとは、知的障害のある本人と、家族、またそれを取り巻く社会資源すべてのことをいいます。家族の成員それぞれが相互に関係しあっている、と家族全体をひとつのシステムとして捉えます〕では、親に加えて兄弟姉妹や親戚の役割を認識し、医療、社会的ケア、関連する専門職やボランティアとの連携も含まれています。知的障害のある高齢者が彼らの年老いた親の介護を行うようになるなどの関係性の変化も含めて、さまざまな家族の状況があります。高齢の親と知的障害のある子はお互いに支え合って生活しており、認知症や他の慢性疾患のある親と同居している間に、知的障害のある子が高齢になり、本人も認知症と診断されることは珍しくありません。あるいは、あなたが中年期の弟や妹を介護する兄弟の立場であったり、同時に親や祖父母の立場であったりする可能性もあります。

　もちろん、すべての知的障害のある人が家族からのサポートを受けられるわけではありません。本書は主に家族を対象とし

ていますが、記載した情報と知的障害のある人の個人的なアウトカムに焦点を当てた内容は、施設等での支援者・介護者も対象としています。実際、家族との定期的な関わりのない知的障害のある人の中には、社会的ケア〔公的な福祉サービスなどによるケア。たとえば、入所・通所施設やグループホームなど〕のスタッフが長期にわたって主なサポート役となっていることも少なくありません。

　本書は、いかなる専門的、医学的アドバイスの代わりになるものではありません。知的障害のある人が認知症とともに可能な限り充実した生活を送れるように、日々の問題への対策と将来への計画において適切な支援を求める家族へのガイドとなることを目的としています。

本書の構成

　本書の第一の目的は、家族が積極的に支援の役割を果たし続けられるように、その力となることです。高齢になった知的障害のある人の健康問題や認知症について、家族にとっての重要事項を、以下の章で挙げていきます。

　第2章では、「認知症とは何か？」を解説します。さまざまな原因による認知症の概要を説明し、行動が変化する理由を理解するために、できるだけ正確な診断が重要である理由を説明します。

　第3章では、知的障害のある人、特にダウン症候群のある人に起こりやすい健康問題を明らかにします。これらは、認知症と間違えられることが多い治療可能な病気です。認知症の発症を示唆する初期の兆候や症状がわかるようになり、診断の際の

重要点を見極めることができるようになります。

　また第3章では、アウトカム・フォーカス・アプローチを紹介するために、53歳のダウン症候群のある女性、レイチェル(Rachel)が登場します。レイチェルは実在する人物ではなく、筆者が25年間の知的障害者支援実践と研究の中で出会った人々と、その家族との関わりで得た経験に基づいて創作した人物です。もしあなたが知っている実在の個人と結びついたとしても、それはただの偶然にすぎません。このアウトカム・フォーカス・アプローチがレイチェルと彼女の家族をどのように支えたかを読んでいただき、是非ご自分の状況に当てはめて考えてみてください。

　知的障害がある人でも、自身の体調の変化に気づくことは珍しくありません。第4章では、知的障害のある家族や仲間との、認知症についての対話のモデルを提供しています。パートナーや友人との一貫したアプローチの重要性を認識し、家族内で話し合うことが難しくても、話合いの努力を続ける必要性について検討します。

　第5章では、認知症とともによく生きるために必要な、適切で意味のある医療および非医療の介入について紹介します。そのような支援は以前には必要とされず、望まれていなかったものかもしれません。

　第6章では、認知症が進行して人生の終焉を迎える前に、早めに終末期について話し合うことの重要性を認識し、将来の計画を立てていくうえで回避されがちな話合いについて述べています。

　第7章では、知的障害のある本人と介護する家族それぞれの

ために、健康状態が変化する前にどのように個別支援計画を作成すれば良いのか、推奨事項と合わせて説明します。

　各章は、公表されている研究や国際的ガイドラインや政策に基づいた情報を含むように構成されています。本書は、知的障害と認知症に関連する問題について、両者の世界は必ずしも容易には結びつかないことを認識しながらも、同時にあるいは別々に、支援を提供することについて情報を掲載しています。ただし、それらは決定的な助言や提案ではありません。なぜなら、ある人にとっての良いことが、他の誰かにとっても正解であるとは限らないからです。場合によっては、本書で取り扱っている対策や支援の枠組みのいくつかは、あなたが話合いを行ったり、あなた自身の家族の中で計画や変更を行ったりするための最良のタイミングを決めてくれるかもしれません。

　1990年代から2000年代にかけて、私がスコットランドダウン症協会(Down's Syndrome Scotland)のディレクターを務めていたときに、ダウン症候群のある人の兄弟姉妹の２人と定期的に会うことがありました。ニッキー・ルイス(Nikki Lewis)は、兄のアンドリュー（Andrew)の支援をしていたとき(2004年)で、ペギー・フレイ(Peggy Fray)は妹のキャスリーン(Kathleen)の亡くなった後(2007年)でした。当時はどちらもたった１人で頑張っていましたが、「戦士のマントを装備する」と言ったのはニッキーでした。それ以来、扉は開かれました。私たちは、認知症になった本人の視点から認知症について深く理解し、また、認知症が知的障害のある人の生活や家族にどのように影響するかについて詳しく知るようになりました。まだまだわからないことがたくさんありますし、知的障害のある家族が認知症と診断

されることへの恐れは消えていません。そういったことはあり
ますが、本書は、ニッキーとペギーとの約束を果たすために書
かれた本です。

〔13頁訳註〕
認知症とは、「獲得した複数の認知・精神機能が、意識障害によ
らないで日常生活や社会生活にきたすほどに持続的に障害された
状態」をさすものです(日本神経学会監修『認知症疾患治療ガイドライン
2017』36頁参照)。(たとえば、薬の副作用などの)他の原因によらず
に認知・精神機能の障害を来たした状態をすべてまとめた用語で
あり、その原因となる病気は非常に数多く、ひとつの病気ではな
いのです。認知症の原因となる代表的な病気については本書の
第2章に、認知機能に影響を及ぼす認知症以外の原因については、
第3章に詳しく述べられています。

Chapter 2
認知症とは
何か？

　認知症は病気による脳の機能低下が原因で起こり、加齢による老化とは異なります〔認知症とは、「獲得した複数の認知・精神機能が、意識障害によらないで日常生活や社会生活にきたすほどに持続的に障害された状態」とされています（日本神経学会監修『認知症疾患治療ガイドライン2017』36頁参照）。症状や状態の総称であり、ひとつの病気ではありません〕。脳と記憶のメカニズムについて良く知ることは、認知症を理解することにつながります。脳はとても複雑な臓器で、認知症の原因となる病気によって損傷を受ける部位が異なるため、病気ごとに現れる症状も異なります。認知症のある人の行動変化の理由を理解し、先々の計画を立てるためにも、認知症を引き起こす具体的な病気について知ることは重要です。本章では、健康な脳の機能について理解し、認知症の原因となるそれぞれの病気がどのような行動の変化をもたらすのか、認知症の初期段階と進行期について、みていきます。

　あなたは、左右の脳を意味する「右脳」「左脳」という言葉を知っていますか？　脳は左右に分かれており、これまでの研究では言葉や計算に関する機能は主に左脳に、空間や視覚認知に関する機能は主に右脳にあるといわれています（図2-1）〔その人の性格特性から、左右のどちらかの利き脳がある、右脳タイプ・左脳タイプなどとする説がありますが、医学的には正しくありません。機能の局在はあるものの、実際には左右の脳はネットワークを作り共同で働いています〕。

【図2-1】右脳・左脳に関連する機能

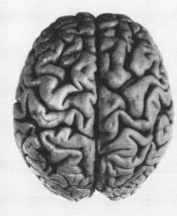

左脳の機能
・理解
・推論
・数学
・言語的
・歌の歌詞
・右手の運動
・合理的な考え方

右脳の機能
・情緒
・感動
・空間
・視覚的
・歌のメロディ
・左手の運動
・リスクを冒す

〔訳註：実際には、完全に機能が分かれているわけではありません〕

脳の領域

　ここから、脳のどの部位が病気による損傷を受けるかによっ
て、どのような症状が出現するのかを見ていきます。これらの
機能を覚えてください。解剖学的には脳はさらにそれぞれ異な
る機能を持つ４つの脳葉に分かれています。４つの脳葉とは、
後頭葉、側頭葉、頭頂葉、前頭葉です(図2-2参照)。それぞれの
脳葉には異なる機能があり、それらは密接に関連しています。

【図2-2】脳葉

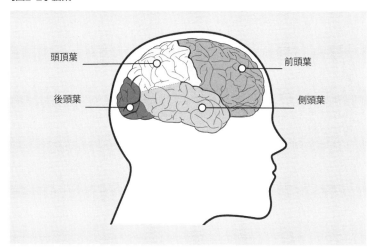

頭頂葉

後頭葉

前頭葉

側頭葉

後頭葉

　脳の後部にある後頭葉は、視覚情報を司ります。私たちが何かを見るとき、目の網膜に届いた光は視神経の電気信号に変換され、後頭葉の視覚野に入ります。ここは脳の視覚処理の中枢であり、対象物の色や形を認識します。外傷や病気などで後頭葉の損傷がおこると、幻覚が起こったりすることがあります〔片側の後頭葉の損傷では、反対側の視野の欠損をきたします（対側同名半盲）。両側後頭葉損傷では皮質盲と呼ばれる状態となり、目に異常がなくてもまったく見えなくなります〕。

頭頂葉

　頭頂葉は脳の後方、後頭葉の上部にあり、身体からの感覚情報を統合し、運動につなげる中継的な役割を果たしています。頭頂葉は物の形や大きさなどの感覚をまとめ、空間や立体などの情報を処理します。自分の体の位置を確認し、どの方向に向

いているのかを認識し、対象物と自分の体との位置関係を把握する役割を果たします。認知症のある人が段差や階段に苦労しているのを、見たり聞いたりしたことはありませんか？　ここが損傷を受けると、段差や階段などを空間的に把握することが難しくなるのです。アルツハイマー型認知症では頭頂葉に病変が及ぶことが多く、失行と呼ばれる症状が起こり、服が着られない症状(着衣失行)などが見られることがあります。左の頭頂葉は左右の認識にかかわり、書字や計算にも重要な役割を果たします〔本章末尾の訳註参照〕。

側頭葉

　側頭葉は脳の両外側、こめかみの付近にあります。側頭葉は新しい記憶の保持に関わり、特に言語に関連した記憶(顔貌や物体の認識を含む)を司ります。側頭葉には聴覚や味覚、嗅覚の中枢があり、左の側頭葉は言語記憶に関わります。

　両側側頭葉の外側部には、知識や概念に関する記憶が貯蔵されており、意味記憶と呼ばれています。左側頭葉は、事実、言葉の意味、物の名前の記憶などに関する機能を持ち、音声言語や会話を理解する中枢でもあります〔側頭葉の内側の海馬と呼ばれる部分で、新しい情報・体験から記憶が作り出され、これを記銘と呼びます〕。

前頭葉

　前頭葉は大きく複雑な部分です。前頭葉はさまざまな機能を持ち、私たちの行動を調整する機能を持っています。つまり前頭葉は、脳の〝司令塔〟なのです。前頭葉には問題解決、目標の設定や意思決定の働きがあり、ものごとを計画し、順序立てて

実行するといった遂行機能を司ります。

　脳が行う多くの複雑な機能——記憶、言語、視覚——には、脳の複数の領域が共同して働くことが必要になります。神経細胞の情報は、異なる脳葉をつなぐ神経回路に沿って伝わります。たとえば前頭葉は新しい情報を判断、取捨選択し、その後に学習された内容は長期記憶として大脳皮質の異なる場所(たとえば頭頂葉)に送られ、貯蔵されます。前頭葉は、計画を立てることや物事への意欲を司ります。そのため、前頭葉が損傷した場合は、活動への参加を嫌がったり、他者との関わりを望まないように見えたりすることがあります。

　私たちが、お茶を入れるなどの一連の動作をするときの機能は、「遂行機能」と呼ばれています。そのような作業をこなすためには、継続して注意を払う必要があり、たとえば、砂糖をいくつ入れたかなどの事柄を記憶として保持する必要があります〔遂行機能とは、目的を持って計画を立て、正しい手順で物事を実行し、目標を維持し細かい調節をしながら、実際の行動を効果的に行う能力のことです。無意識にできるような単純な作業とは異なる、非常に複雑な機能です〕。前頭葉はこのような注意と作業記憶に、重要な役割を果たします。前頭葉の機能が低下すると、仕事の手が途中で止まったり、長時間ひとつのことに集中できなくなったり、やり始めたことを完了できないことがあります。これは、あなたの家族に認知症が生じた場合によく見られることです。

　脳の前底部の領域は、私たちの社会的行動を司っています。たとえば、この部分は通常私たちが何か不適切なことを言ったり、衝動的な行動をしたりすることを抑えています。そのためにこの部分が損傷した場合、その人が本来しないような行動が現れることがあります。

記憶

　私たちが覚えているさまざまなもの・こと——出来事、人の顔、事実、技術——は、さまざまな種類の記憶として脳の中に貯蔵され、必要時に思い起こすことができます。エピソード記憶とは、ある時間と場所での個人的な出来事の記憶のことで、「今朝、台所で朝食に卵を食べた」といった例があげられます。これらエピソード記憶は、私たち1人ひとりに固有のものであり、その時の感情と結びついています。意味記憶とは、一般常識や言葉の意味、知識、概念に関する記憶のことで、たとえば、「卵には殻があり、卵を産むのは雌鶏である」といった例があげられます。手続記憶とは、私たちが学習によって得た技能や習慣の記憶で、例としては、「卵を調理する方法」を体が覚えていることが挙げられます。これらの異なる種類の記憶は、脳の異なる部分で共同して働いています。これらすべての記憶が認知症による影響を受けますが、認知症の初期の段階においては、必ずしも同時に障害されるとは限りません。

　ある出来事の記憶は、自分がどこにいたのか、何を見たのか、何を嗅いだのか、何を聞いたのか、どのように感じたのかなど、いくつかの要素から構成されています。これらの要素が脳の中で統合され、その出来事の記憶となるのです。私たちが何かを経験するとき、感覚からの情報は最初に海馬（図2-3参照）と呼ばれる場所に入り、保存されます。時間の経過とともに、海馬から大脳皮質へと情報が送られ、長期記憶となると考えられています。

　学校など幼少期の記憶は、長い年月の中でより思い起こされ

ることが多いものほど大脳皮質に定着します。昔の記憶を思い出すときには、海馬の働きは少ないと言われています。

エピソード記憶を思い起こすには、特定の匂いや音楽の一部など、記憶の一部分が引き金になることもあります。感情は、私たちの記憶に大きな影響を与えます。これが、長期記憶の中で非常に鮮明なものと、そうでないものがある理由のひとつです。また、感情的な記憶の中心は、扁桃体(図2-4)と呼ばれています〔本章末尾の訳註参照〕。

認知症の症状と脳の部位

認知症の原因となったそれぞれの病気が脳にどのような影響を与えるかを知ることで、認知症のある人の行動の理由を説明できるようになります。最近までは、病気による脳の変化を確認するためには、亡くなった人の脳を直接調べる必要がありました。しかし、現在の脳の画像検査では、脳の機能低下や損傷のある部位を直接調べることが可能です。医師はその人の症状を確認しながら、病気の原因をつきとめるために脳の画像検査を活用します。しかしながら、知的障害のある人にとっては、脳の画像検査を受けること自体が大きな負担となります。実際、知的障害のある人には病院で行われるあらゆる検査が負担になりえるため、必ずしも検査が受けられるとは限りません。

認知症を起こす病気では通常、脳の萎縮は一部分から始まり、特定の部位に強い萎縮を起こす傾向があります。つまり認知症の種類により病変の部位が異なり、初期の症状も異なるのです。進行期になって、脳のより広い範囲に病変が広がると、同じよ

【図2-3】 海馬と大脳皮質の位置関係

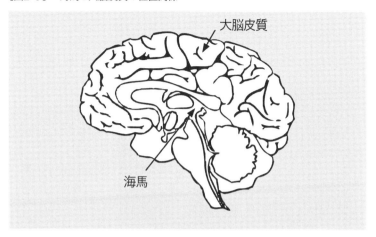

大脳皮質

海馬

〔訳註：大脳の正中矢状断。大脳の表面部分を大脳皮質と呼び、神経細胞が並んでいます。海馬は側頭葉の内側にあり、正中からやや側方のため図には記載されていませんが、矢印の先端の高さにあります〕

【図2-4】扁桃体（グレーの陰影）

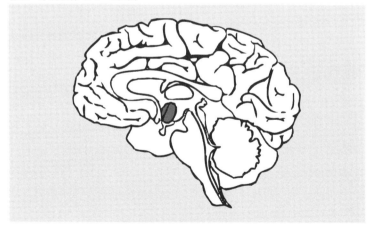

うな症状をきたすことがあります。ここではまず、認知症を起こす主な病気についてみていきます。

アルツハイマー型認知症

　認知症の中で最も多い病気です。アルツハイマー型認知症は時間の経過とともに徐々に進行しますが、その症状の進行はある程度共通しています。通常、脳細胞の変性は側頭葉から始まり、その結果、短期記憶が低下したり、新しい学習ができなくなったります〔アルツハイマー型認知症では、通常は側頭葉内側の海馬とその周囲から病変が始まります〕。

　アルツハイマー型認知症では、脳細胞の変性は経過とともに脳全体に広がり、さらに多くの部位が影響を受けるようになります。大脳皮質は全体的に薄くなり、昔の記憶が失われ、脳は徐々に萎縮していきます。左の大脳半球は、意味記憶や言語の記憶に関連する機能を持っているため、その障害によって自分が言いたいことを正確に言えなくなることがあります。

　アルツハイマー型認知症のある人でも、新しいものを覚えたり、新しいことを学んだりすることは、まったく不可能ではありません。しかし、非常に難しくなります。アルツハイマー型認知症のある人は、その日にしたことや、人から言われたことを覚えていることが難しくなり、会話の中で同じことを繰り返して言ったり、質問したりすることがあります。

　海馬は記憶の想起に必要な部位ですが、かなり昔の記憶を思い出す際には、あまり大きな働きをしていません。初期のアルツハイマー型認知症のある人（海馬は萎縮しているが、大脳皮質はほぼ正常である）が、子どもの頃の休日のことを覚えていても、その日の朝食に何を食べたかを思い出すことに苦労するのは、こ

のためです。アルツハイマー型認知症のある人は、事実に基づいた内容を思い出すことができなくても、何らかの感情的な記憶を覚えていることがよくあります。そのため、場所や人に対して論理的に判断するのではなく、感情的に反応することがあります。

これらのさまざまな機能の喪失とは対照的に、保たれる能力もたくさんあり、特に昔に獲得したものほど良く保たれています。ダンス、歌、ピアノ演奏などの一度習得された技能は手続記憶となり、ほとんどが脳の奥深い場所に保存されています。アルツハイマー型認知症では、これらの記憶が最も長く保持されることが多いのです。

非定型アルツハイマー型認知症

アルツハイマー型認知症の中には、最初に影響を受けた脳の部分が海馬や海馬の周囲ではない稀な病型もあります。このタイプの認知症では、記憶の障害が初発症状ではないことが多いです。

非定型アルツハイマー型認知症のひとつである後部皮質萎縮症では、初期には主に後頭葉と頭頂葉の一部に変性が起こり、視覚情報の処理と空間認識が障害されます。また、初期症状として、視力に問題がなくても物の識別や読書に問題が生じます。階段を降りるときや車を駐車する際の距離を判断するのに苦労したり、服を着るときなどにおかしな組合せを選んだりすることがあります。作家のテリー・プラチェット（Terry Pratchett）〔1948〜2015年。イギリスで著名なSF、ファンタジー作家〕は、後部皮質萎縮症と診断されました。

血管性認知症

　血管性認知症は、「脳血管性認知症」と呼ばれることもあり、多くの血管が詰まったことで発症する場合と、1本の血管が詰まったことで発症する場合があります(それぞれ多発梗塞性認知症、単一病変による認知症)。脳実質の損傷は原因となった血管の場所によって異なり、どの部位にも起こる可能性があります。その症状に決まった進行はなく、進行の仕方は人によって非常にさまざまです。

　血管性認知症は、他の認知症に比べて症状の幅が広く、個人差が大きいです。これは脳へ血液を供給する、大小さまざまな血管が原因となるからです。血管性認知症は、時に大きな脳梗塞に引き続いて起こることがあります。脳への血液が突然途絶えることにより、その部分の脳が突然機能しなくなるためです。この症状として、計画を立てることや、集中力や思考力、記憶力などに影響を与えることがしばしば見られます。また、体の片側に力が入りにくくなったり、視覚や会話に支障が出たりすることもあります。

　小さな脳卒中がたくさん起こることで、時間の経過とともに血管性認知症を引き起こすこともあります。脳卒中の起こった部位の脳は壊死し、元には戻りません〔日本では、多数の小さな血管の病変による小血管性認知症が多いとされています〕。このような小さな脳卒中では、非常に特徴的な症状を呈することがあり、たとえば海馬の梗塞によってエピソード記憶の障害のみが引き起こされたり、前頭葉の梗塞によって遂行機能障害のみが引き起こされたりすることがあります。

レビー小体型認知症

　レビー小体型認知症は、アルツハイマー型認知症ともパーキンソン病とも共通点があります。レビー小体とは、神経細胞の中にできる小さな丸い塊の一種で、脳の機能に支障をきたします。症状としては、幻視とそれに基づく妄想〔統合失調症での幻覚・妄想とは異なります〕、睡眠障害、夜間の混乱などがよく見られ、ハロペリドールなどの抗精神病薬に過敏に反応し、症状が悪くなることが知られています。

　レビー小体型認知症のある人は、アルツハイマー型認知症や前頭側頭型認知症のある人よりも脳全体の萎縮が軽いことが多いのですが、代わりに大脳皮質、大脳辺縁系、脳幹などさまざまな部位にレビー小体が現れます。初期にはまず視覚の経路が障害され、初期の症状としては、視覚障害や注意障害が一般的です〔レビー小体型認知症では、初期には記憶障害が目立たず、幻視、注意障害や遂行機能障害が見られます〕。また、パーキンソン病に見られるようなふるえや不随意運動などが見られることもあります。俳優のロビン・ウィリアムズ（Robin Williams）〔1951～2014年。米国の俳優〕はレビー小体型認知症と診断されました。

前頭側頭型認知症

　前頭側頭型認知症では、前頭葉と側頭葉の萎縮が見られます。前頭側頭型認知症にはいくつかの病型があり、それぞれで脳の損傷パターンが異なり、その人の行動や言語への影響が異なります。たとえば、前頭葉の上内側面に強い病変があると、内向的になったり、意欲を失ったりすることがあります。前頭葉底部の病変は、抑制が効かなくなることと関連しており、不適切な発言をしてしまうような可能性が生じます。さらに、同じ単

語や語句、行動が何度も何度も続いてしまうことがあり、いずれも自分の意思で行っているわけではないことを理解しておくことが重要です。また、顔や物体の認識に問題が生じることがあります〔前頭側頭型認知症では、無関心や共感の欠如、同じ行動を繰り返す（常同行動）、意味もなく同じ言葉を繰り返す（常同言語）などの症状や、食行動の変化などが見られます〕。

　前頭側頭型認知症の病型のひとつに、意味性認知症があります。意味性認知症は、側頭葉の意味記憶を司る部分の神経の変性により起こります。その結果、流暢な発話はできても、適切な内容を話すことが難しかったり、「ナイフ」のような身近な物ですら何と呼ぶのかわからなくなったりすることがあります。

結論

　一見簡単そうに見える認知症の診断の裏には、複雑な情報がたくさんあります。また、それぞれの認知症の原因となった病気によって特徴的な症状があるものの、実際には上記の４つの病気（アルツハイマー型認知症、血管性認知症、レビー小体型認知症、前頭側頭型認知症）で症状の重複があり、認知症の進行につれて増えていきます。いまだ認知症の原因となる病気に対する根本的な治療法はありませんが、生活の質を維持するための医療と非医療の支援があります。次の章では、知的障害がある場合の認知症の診断の複雑さを認識しながら、この点を見ていきたいと思います。また、認知症の初期段階が疑われたレイチェルの例も見ていきます。

〔25頁訳註〕

頭頂葉が損傷すると、感覚や視空間認知などに支障をきたし、行為や動作の障害が見られます。失行とは、麻痺や筋力低下がないにもかかわらず、日常生活で普段行っている動作ができなくなることで、たとえばさよならの手振りができない、道具がうまく使えない、などの症状があります。右頭頂葉の損傷では着衣失行の他に、道順障害（一度に見渡すことのできない広い空間で、建物や街並みの位置がわからなくなる）などが見られます

〔28頁訳註〕

記憶は、側頭葉の内側にある海馬という部位で作り出され（記銘）、その後一定の間、保持され（貯蔵）、必要になったときに思い出され（想起）、さらに時間の経過とともに消えていきます（忘却）。記憶は、従来の心理学では保持される時間の長さから、短期記憶（おおよそ1分以内）、長期記憶（それよりも長いもの）に分類されていました。現在の臨床神経学では、記憶は大きく陳述記憶と非陳述記憶に分けられています。陳述記憶とは、内容を思い出して言葉で述べたり図形で表現したりできるもので、エピソード記憶と、意味記憶に分類されます。エピソード記憶とは自分が体験した出来事の記憶で、その保持時間の長さから即時記憶、近時記憶、遠隔記憶に分類されています。即時記憶とは、数秒から数10秒の極めて短い期間の記憶で作業記憶とも呼ばれ、電話番号を復唱する、などの記憶です。復唱しただけでは、通常はすぐにその番号を忘れてしまいます。近時記憶とは、脳内に情報を取り込んだのちに、数分から数日後に思い出す記憶をいいます。遠隔記憶とは、数日から年単位をかけて固定化された記憶です。このような記憶は、大脳皮質のさまざまな部位に蓄えられていると考えられています。エピソード記憶では、感情と結びついたものほど長く記憶に残ります（感情の荷札とも呼ばれます）。非陳述記憶とは、その内容を言葉では述べられないような記憶です。運動技能、パズルや将棋などの知的技能に関わるものを手続記憶と呼び、その他に条件反射などもこの非陳述記憶に含まれます。手続記憶の獲得には年齢は関係なく、何歳からでも技能の習得は可能です。

Chapter **3**
健康上の
変化に気づく

　認知症と間違われやすい症状が出る病気は、たくさんあります。そのため、認知症はひとつの検査で診断できるというものではなく、実際の診断過程はとても複雑です。簡便な認知機能の検査はいくつかあり、ミニメンタルステート検査(Mini-Mental State Examinatin: MMSE)は、時間と場所の見当識、単語の記憶、読字・復唱、書字、言語理解、基本的な運動能力を検査する30問からなる検査です。この他には、Montreal Cognitive Assessment（MoCA）やAddenbrooke's Cognitive Examination®（ACEII）〔検査の種類について／本章末尾の訳註参照〕といった検査があります。

　ここで紹介したものは、〝定型〟発達者を対象としています。たとえば、「100引く7はいくつですか？（合図があるまで7の引き算を続ける）」などの項目があり、他には、「モリア・スミス、12、ハイストリート、ニューキャッスル」などの互いに無関係な物や場所の名前〔日本の改定長谷川式簡易知能評価／スケールでは、「桜、猫、電車」など〕を伝え、しばらく時間がたった後にこれらの単語を覚えているかどうかを質問します。他には、月と年号を逆から言うことができるか、などの項目があります。

　このような検査のいくつかは、知的障害のない人にとっても難しく感じられることがあるかもかもしれません。さらに知的

障害のある多くの人にとっては、検査を受けること自体がほぼ不可能で評価方法として不適切であり、変化を見つけるためには別の方法が必要となります。本章では、まず認知症と間違われやすい症状や病気、または知的障害のある人の認知機能の変化について注目し、その後に、健康状態の変化を捉えるための方法を検討します。人は誰でも年齢に伴い、認知症や知的障害の有無に関わらず高齢者に特有の症状や病気が現れます。このような通常ならば治療可能である病気でさえも、知的障害のある人たちでは「彼はダウン症候群だから仕方ない」とか、「認知症に違いない」と思い込んで見落とされることがあり、そのようにならないことが大切です。次節で示した「注意すべき健康状態や感覚器の問題」のリストの項目は、感覚器の変化などの注意するべき健康上の問題について述べています。もちろん、知的障害があるあなたの家族が年をとった場合でも、これらのすべての症状が必ずしも発症するとは限りません。しかし、以下のようなことが起こりうるため、このリストについて知っておくことはとても重要です。

- 治療可能な疾患が見過ごされ、適切かつ迅速な対応が行われない可能性があります
- 認知症の発症の有無は紛らわしく、早期の診断ができない場合があります
- 認知症と同時に発生しても、治療可能な場合もあります

注意すべき健康状態や感覚器の問題

視力

　知的障害のある人々では、知的障害のない人々に比べて視力障害の合併が約10倍多く、ダウン症候群、脆弱X症候群、脳性麻痺およびウィリアムズ症候群のある人では、特に視力障害が多いことが英国王立盲人協会(The Royal National Institute of Blind People)から報告されています。知的障害のある人では、視力低下の有無を検査することが難しいのです。知的障害のある人に起こりやすい目の症状について、表3-1に示します。

　視力の変化によって、以下のようなことが見られることがあります。眩しい中や暗い中で見えにくくなったり、階段や段差で躓きそうになったり、間隔を間違えたり、お皿の盛りつけが難しくなったり、などです。物に近づいて見るようになったら視力の障害は明らかであり、不器用になったり、物を落としたり、頭を揺らしたり振ったり、混乱しているように見えたり、人が近づいてくると驚くようになったりすることがあるかもしれません。これらの症状は長年にわたるものかもしれませんが、どのような変化であっても知的障害がある人では視力検査を受けるべきです。英国では知的障害がある人は、60歳以下では2年に1度、60歳以上では毎年の視力検査を受けることが推奨されており、一般的な視力検査に変わる方法が可能で、検眼医〔検眼医とは、眼科医とは異なる資格で、米英では国家資格となっています。主に目と視力に関するプライマリケアを担当し、定期的な診察と目の病気の治療、視力測定とメガネやコンタクトレンズの処方などを行います〕が自宅を訪問しての視力検査も可能です。

【表3-1】知的障害のある人にとって視覚障害の原因となりうるもの

目の病気	症状
老眼	加齢により、近くのものにピントを合わせることが難しくなる。
近視	遠くのものが見えにくい。
遠視	近くのものが見えにくい。
乱視	目の表面がゆがみ、均等にピントが合わない。画像がぼやけて二重に見える。
緑内障	房水の流れが悪くなり、眼圧が上がる。圧力のため視神経の障害が起こることがある。
眼振	目が素早く不随意に左右に動き、視線が一点に固定されなくなる。
斜視	物を見たときに、両目の位置がずれる。
白内障	目の中の水晶体が濁り、視力が低下する。
円錐角膜	角膜が前方に円錐状にとがり、角膜が歪み、視力が低下する（特にダウン症候群のある人多い）。
眼瞼炎	まぶたの慢性炎症で、目の不快感やかゆみを起こす。程度はさまざまである。

急性の錯乱状態とせん妄

　急性の錯乱状態またはせん妄〔せん妄とは、高齢者に生じやすい急性に生じる変動する意識障害です。身体の病気や急な環境の変化、薬の影響などが原因となることが多く、認知症と異なり突然発症するのが特徴で、症状の変動が特徴です。現在の日付や時間がわからなくなる、判断力の低下、睡眠障害、幻覚・妄想、気分の障害、ちぐはぐでまとまりのない行動など、さまざまな症状が見られます〕は、尿路感染症による発熱などに伴って見られる場合がありますが、その場合は認知症と異なり、突然に発症し急激に悪化します。急性の錯乱状態は、栄養失調、薬の処方が適切でない場合や過剰投与、便秘、睡眠不足、感覚障害なども原因となります。

　さらには、多量の抗精神薬や抗てんかん薬、その他の薬によっても発症することがあります。たとえば、クロルプロマジ

ン、オランザピン、クロザピン、フェノバルビタール、フェニトインまたはバルプロ酸ナトリウム(これらはすべて鎮静作用があります)、オピオイド系鎮痛剤のメペリジンやプロポキシフェンは錯乱状態を引き起こす可能性があり、またはペチジンの場合は痙攣を誘発する可能性があります〔薬の種類について本
章末尾の訳註参照〕。

痛み

　人が痛みを感じている可能性を示すサインには、以下のことなどが挙げられます。落着きがない、体が揺れる、理由なく泣く、過呼吸、膝を折り曲げる(体育座りの姿勢)、攻撃性、暴力を振るう、夜間に目を覚ます、叫ぶ、悪態をつくなどです。痛みをとらえることの難しさについては、第5章で詳しく取り上げます。

一般的な老化症状

　これらには、関節炎、変形性関節症、虫歯、歯周病、肌の衰え、髪が薄くなる、背骨と椎間板が潰れて背が縮むなど、私たちの誰もが経験する可能性のある変化が含まれます。

喪失と悲しみが与える影響

　たとえば、親や家族の死、長年お世話になった介護者の退職などの悲しみは、行動変化につながる可能性があります。

【写真3-1】

＊痛みに気づくためには、しばしば非言語の合図を手掛りにする必要があります。

ダウン症候群のある人に特有の健康問題
──特に注意すべきもの

　知的障害のある人では、十分な健康管理が受けられていないことがしばしばあります。ダウン症候群のある人に見られる感覚器や、その他の健康状態の変化の中で、加齢の影響を受けやすいものとしては、以下のものがあげられます。

● **聴力障害：外耳道が狭くアデノイドが大きい、咽頭が狭いなど**

の特徴があり、中耳炎にかかりやすく、聴力が低下することが多くあります。さらにこれらの特徴が、嚥下に影響することもあります

● 消化器系の問題には、セリアック病〔小麦・大麦・ライ麦などに含まれるタンパク質の一種であるグルテンに対する免疫反応が引き金になって起こる自己免疫疾患で、腹部膨満感と痛み、慢性の下痢、悪臭を放つ便(脂肪便)などの消化器系症状をきたします〕、炎症性腸疾患、逆流、便秘、下痢などがあります

● 独り言：大声であってもそれだけでは、多くの場合は病的ではありません。一般的にこれらは、行動障害や社会的な孤立の反映ではありません。ただし声の調子や回数に大きな変化があるような場合には、評価が必要です

● 睡眠時無呼吸症候群：睡眠中の呼吸が一時的に止まることで、10秒から20秒間続くこともあり、睡眠と覚醒のリズムが乱れます。ダウン症候群のある人ではこの合併が多く、年齢とともに増加します。睡眠時無呼吸症候群には以下の3種類があります

・ 閉塞性睡眠時無呼吸症候群：睡眠中に気道が閉塞されることで起こり、大きないびきを伴います

・ 中枢性睡眠時無呼吸症候群：呼吸を制御する脳の呼吸中枢の異常により起こります。いびきはそれほど強くはありません

・ 混合型睡眠時無呼吸症候群：上記の両方が複合的にみられるものです

● 肥満があると閉塞性睡眠時無呼吸症候群をきたすことがあり、昼間の眠気、倦怠感、昼寝、集中力の低下、または注意力の低下を招く可能性があります

● 甲状腺機能低下症：甲状腺の機能低下は疲労感、体重増加、乾燥肌などを引き起こすことがあります

● 閉経：女性において、健康上の問題につながる場合があります。ダウン症候群のある女性の閉経の平均年齢は約46歳で、一般の女性に比べて最大で約10歳も若く、更年期症状を発症する可能性があります

科学的な根拠について

　ダウン症候群のある人は、老化が早いとよく言われるのはなぜでしょうか？　実際にはまだよくわかっていないのですが、21番目の染色体が関係しているといわれています。21番染色体にはアミロイド前駆体タンパク質の遺伝子があり、ダウン症候群のある人では21番染色体が１本多いために、このアミロイド前駆体タンパク質も過剰に発現しています。アルツハイマー型認知症におけるアミロイド前駆体タンパク質の機能についてはまだ完全には解明されていませんが、アミロイド前駆体タンパク質が分解されてアミロイドβ（ベータ）タンパク質となり、何らかの原因でこのアミロイドβタンパク質が大脳にたくさん溜まっていくと、老人斑が増えていきます。老人斑は、アルツハイマー型認知症に特徴的な脳の病理学的変化です。アミロイド前駆体タンパク質が過剰に発現しているということは、このアミロイドβタンパク質も過剰に生成されているということであり、その結果、大脳に老人斑が形成されやすくなります。このためダウン症候群のある人では、一般の人に比べて若い頃からアルツハイマー型認知症になりやすいと考えられています。

　また、ダウン症候群のある人では、ダウン症候群のない同年代の人と比べて前頭葉が小さく、発育が悪いこともわかっ

ています。これは年齢とともに、より顕著になっていきます（Wilson, 2014）。

認知症の初期症状を疑う具体的な症状

　知的障害がある人では、先に挙げたような症状や疾患を持ちつつもさらに、年齢が上がるにつれて認知症が疑われるような症状を合併することがあります。知的障害のある人には、標準的な認知症の簡易テストやスクリーニング検査は適さないことを先に述べましたが、ではどのようにして診断をすればよいのでしょうか。また、なぜ診断が重要なのでしょうか。

　私は長年にわたり、「できることは何もありません、と言われてしまいました」との家族の声を聞いてきました。その人の知的障害がある家族が認知症と診断されたときに、医師からそのように告げられたのです。知的障害のある人においても認知症の症状に対しては、一般の人と同じサポートが受けられるべきで、薬物療法、社会的資源の導入および感情面へのサポートなどが必須です。しかし、知的障害のある人々では、一般の人が利用できる物忘れクリニックやデイサービス、終末期ケアなどは利用できないことが多いのです。

　早期に認知症の診断がつくと、認知症の進行を遅らせる薬が内服できる、家族を支えるスタッフが長期的かつ一貫した視点での計画が立てられるようになる、などのメリットがあります。これについては、第6章でより詳しく述べていきます。

　ここでは、認知症の可能性を示す健康や行動上の変化について挙げます。ダウン症候群とその他の知的障害がある人々での

症状の違いを確認し、確定診断のために受診することの重要性について、解説します。

認知症の初期の可能性を示す変化を、以下に示します。この中の症状の多くは、一般の人に見られるものと共通ですが、中には異なるものもあります。知的障害のある人が認知症になった場合、通常初期には、次のような変化が見られます。

- 頑固になったり、引きこもったりするなどの性格の変化
- 交通安全が守れない、公共交通機関が利用できなくなる
- 日常生活で、以前はできていたことができなくなる
- 歩行や体のバランスの変化
- 混乱することが増える
- 階段や段差の昇り降りが困難になる
- 行動、考え方、人格の変化
- 日々の活動に対する意欲の低下
- 以前にはなかった、悲しみや恐怖、攻撃性が続く
- てんかん発作：以前にはなかったてんかんを初めて発症したときは、必ず医師の診断を受けるべきです。認知症の発症から2〜3年後にてんかんを発症することがあり、特にダウン症候群のある人では、てんかんの合併は約4分の3にもおよぶと言われています。さらにてんかんの合併があると、全身状態の急速な悪化をきたすことがあります

上記の変化のうちのいくつかは、知的障害のない高齢者にも見られるもので、記憶力の低下に起因します。しかしダウン症候群のある人は、もともと短期記憶が苦手であり、物忘れが認

【写真3-2】

＊認知症の初期に、道路の段差を越えることが困難となることがあります。

知症の初発症状とはならないことがよくあります。また、同居の家族が微妙な変化に気づくことは、往々にして難しいことが多いでしょう。家族の中でも日頃の関わりの少ない人や、デイサービスのスタッフが最初に変化に気づくことがあります。もし家族がこのような変化について知らされた場合には、たとえ家族としては何の変化も感じていなかったとしても、必ず医師の診察を受けることが必要です。

認知症の診断

　ダウン症候群のある人に認知症を診断する際には、まず最初に、治療可能な他の疾患をすべて除外することが重要です。本章では、そのうちのいくつかについてすでに述べてきました。あなたがどこに住んでいるか、またはすでに利用している社会福祉サービスによって、診断に至るまでの道筋が決まります。これには、かかりつけのGP（general practitioner）〔1948年から始まったイギリスの制度。それぞれの家庭医が総合医として診断し、より専門的な治療が必要な場合は高度な医療を提供する病院に紹介状を書いて専門的な病院につなぎます〕、コミュニティー・ラーニング・ディスアビリティー・ナース（Community Learning Disability Nurse）〔ラーニング・ディスアビリティ・ナースとは、英国の看護師の制度で、学習障害・知的障害のある人とその家族、支援するスタッフに対しての専門的な医療ケアを提供する看護師です。コミュニティ・ラーニング・ディスアビリティ・ナースとは、自宅への訪問などを行い、地域でのケアとサポートを提供するラーニング・ディスアビリティ・ナースのことです〕、心理士、精神科医の予約をすることや、次のステップをアドバイスしてくれる作業療法士、言語療法士、足治療師（podiatrist）〔欧米では一般的な医療職で、足の医療ケアを行うスペシャリストです〕、理学療法士と早めに話をすることが含まれます。

　診断には、その人の認知機能のベースラインの評価を行い、変化のあったときに振り返って再確認することが必要です。認知症の可能性を示すものは、認知機能や生活能力における変化や悪化そのものであり、1回限りの評価では判断できないことを心に留めておく必要があります。このことはつまり、介護者や友人、家族たちは、その人の行動や性格の変化を初期に捉え、日常生活能力の低下の有無を見極めるうえで、とても重要な役割を果たしているということを意味します。ベースラインとは、知的障害のあるその人のもともとの認知機能であり、健康なときにその人がどのように行動し、どのように反応するかを示すものです。ダウン症候群のある人では30歳までにはベースラ

インを評価し、記録することが推奨されています(British Psychological Society, 2015)。この年齢ではすでに脳の発達は完成しており、さらに認知症に関連した変化を発症する前である可能性が高いためです。このベースラインからの変化の評価は、30歳から50歳までの間は2年ごとに、50歳以降は毎年行う必要があります。この方法のもうひとつの利点は、本章で述べた多くの治療可能なその他の疾患においても、その診断に役立つということです。ダウン症候群のある人では認知症のリスクが高いため、このような定期的な間隔での認知機能の評価(前向きモニタリング)〔前向きモニタリングとは、定点的に現在の状況を評価すること。過去からの変化の有無を確認できます〕が推奨されていますが、ダウン症候群ではない知的障害のある人にとっても、特に本人が自分の体調の変化を言葉で表現できない場合は、ベースラインの評価はとても有益です。

これまで、主にダウン症候群のある人における認知症の診断に焦点を当て、述べてきました。軽度の知的障害のある人では、認知症の症状や経過は、一般の人の認知症とほぼ同様であると考えられています。より重度の知的障害のある人では、その経過が異なる可能性があり、その人のもともとの知的能力によっても異なります。ダウン症候群でない知的障害のある人々では、認知症の発症年齢が一般的な人口よりも数年程度早いかもしれませんが、ダウン症候群のある人々ほどではありません(Strydom *et al.*, 2007)。

評価の最終段階

認知症におけるあらゆる診断・評価のためには、診断を受ける本人にできるだけ前もって情報を伝え、本人もその必要性を

理解してもらうのが良いとされていますが(Alzheimer's Society, 2014)、現実的には病院やクリニックを受診すること自体が本人の負担となることがあり、その場合は事前に伝えるのではなく、当日に伝えるのも良いでしょう。診察は、できるだけ時間帯を変えて複数回受けることが望ましいとされています。というのも、午前中に調子が良い人もいれば、午後の方がより調子が良い人もいます。認知症の進行に伴って夕方に特に問題が多くなることがあり、「夕暮れ症候群」と呼ばれています。これは中等度から重度の認知症のある人に見られるもので、外が暗くなってくると興奮や混乱が増えたり、大声で暴れたりするなどの症状が見られるものです〔他に、家に帰りたくなり外に出てしまうなどの症状が見られることがあります。世界中で共通しており、見当識障害に加えて、睡眠覚醒のリズムが乱れることや、寂しさ、居心地の悪さなどの心理的な要因が原因と考えられています〕。

　認知症の診断プロセスには下記のことが含まれます。

- ダウン症候群のある本人からの情報収集と、可能であれば、その人をよく知っている人からの情報収集を行う。現在の生活上の困難や、以前にはなかった症状、既知の合併疾患、生活状況や家庭環境などでの最近の変化、全体的な認知・運動機能や生活能力、性格、ベースライン評価での以前の機能のレベルなどを確認する
- 認知機能と精神状態の検査を行う。時間と場所の見当識に加え、気分や幸福感についても評価する
- 必要に応じて、適切なコミュニケーション方法を用い、時間をかけて診察する
- 環境アセスメント――認知機能や感覚機能に変化を及ぼす可能性のある、家庭や住環境のアセスメントを行う。これには、1

日を通じての家族や支援スタッフのサポート・知識のレベル、適切で有意義な日中活動なども含まれる。なおこれについては、第5章で述べる

● 現在の健康状態を評価し、現在服用中の薬や、痛みの有無についても確認する

　英国心理学会(The British Psychological Society, 2015)は、健康状態の評価のために、表3-2に示す検査・評価項目を推奨しています。

　知的障害のある人の認知症の有無を評価するためのツールにはさまざまなものがありますが、その内容や範囲、評価対象には違いがあります。どのツールを使用するにしても、評価の一貫性を保つためには、できるだけ同じ方法を適切な間隔で繰り返し行う必要があります。これらの評価ツールは、自宅でも使用できるものです。ベースライン評価の中には、家族や支援員が行うことができるものもあり、評価の間隔や繰り返す回数などの原則は同じです。ほとんどのものはインターネット上に掲載されており、最近イギリスでは、機能低下や健康問題を記録する方法を提供する認知症早期判別尺度(NTG-Early Detection Screen for Dementia, 2013)が使用されています[1]。米国版は、用語や使い方に関連して米国用に作成されており、スコットランド版もありますので、そちらも確認してみてください。

1　〈aadmd.org/ntg/screening〉のウェブページでは、スコットランドで使用するためのバージョンを含む、15以上の国と言語のバージョンへのリンクを提供しています〔訳註：日本語版は以下のURLより閲覧できる。〈https://2e626e23-9885-43be-a9e4-d60d120ed14f.filesusr.com/ugd/8c1d0a_ef6df388cf654220aa551d81a079d7d7.pdf（2021年2月6日最終閲覧）〉〕。

【表 3-2】推奨される身体的健康評価

推奨される日常における検査	状況に応じて行う検査
全血球計算 (血液検査)	脳波検査 てんかん発作の疑いがある場合
尿素窒素と電解質 (血液検査)	神経画像診断 認知症診断のためのルーチン検査にはならないかもしれませんが、血管性認知症や他の脳血管病変が疑われる場合、慢性硬膜下血腫などの治療可能な病気を見逃さないためにも、検査を行う意義があります。
血糖値 (血液検査)	心電図 特に認知症治療薬を内服している場合や、心血管疾患の既往がある場合は必要です。
甲状腺機能検査 (血液検査)	
肝機能検査 (血液検査)	
B12と葉酸値 (血液検査)	
脂質検査 (血液検査)	
感覚スクリーニング ── 視覚と聴覚	

〔訳註：全血球計算とは、血液中の赤血球、白血球、血小板の数や大きさなどを測る検査です。貧血や白血病などの、血液の病気の有無がわかります。尿素窒素とは、血液の中の尿素に含まれる窒素成分のことで、腎機能を見る検査です。電解質とは、血液の中にあるナトリウムやカリウムなどのイオンのことで、たとえば血液中のナトリウム値が低下すると、意識障害が起こることがあります。血糖値とは、血液中のブドウ糖の値のことです。糖尿病は血糖値が高くなる病気であり、低血糖では意識障害が起こることがあります。ビタミン12や葉酸が不足すると、貧血になることがあります〕

インターネットで検索可能であり、以下のツールがあります。

● **知的障害者用認知症判別尺度DSQIID** (Deb *et al*., 2007) ── 3 つのセクションの43の質問からなる、支援者が評価する尺度です〔日本語版DSQIIDは以下のURLより無料で入手可能〈https://www.nozomi.go.jp/investigation/pdf/report/04/01.pdf〈2021年2月6日最終閲覧〉〉〕

【写真3-3】認知症早期判別尺度

＊認知症早期判別尺度には、知的障害のある人が自分で記入する欄があります。

● 知的障害者用認知症尺度(Evenhuis, Kengen and Eurlings, 2007)
　──これは同じく支援者が行うもので、短期記憶、長期記憶、見当識、言語、日常生活動作、気分、活動と興味、行動障害を記録します

　ダウン症候群のある子どもの親は、特に子どもが社会的に弱い立場にあるときにその障害の現実に直面します。さまざまな教育プログラムや利用可能な支援情報があるにもかかわらず、これらの情報が常にきちんと親の元に届けられているとは限りません。多くの親は、ダウン症候群の告知のあり方については、

出生前検査と出生後の診断のいずれにおいても満足を感じておらず、告知が単に診断名を告げ、出生後の症状や合併症の一覧を述べることだけであった場合には、その不満は長年にわたって残る可能性があります。親は一貫して、世間一般のイメージと彼らの実際はまったく違うということに声をあげているにもかかわらず、ダウン症候群に対しては、しばしば否定的なイメージが描かれています。

　認知症の診断を受けると、一般的には明るい未来を描けず、〝二重の苦しみ〟であると言う人もいます。何十年もの間あなたが支えてきた家族が認知症の診断を受けることは、命に関わることをも意味し、非常に辛いことです。これまでの長い間、知的障害のある人々の親は、一般の人たちが当然のように持っている権利を勝ち取るために戦ってきました。これは、地域での学校選択や、もっと広い意味では収入や生活の保障などです。あなたは、知的障害がある人の家族が旅行をしたり、大学に入学したり、または就労や作業を継続することを支援するために、どれだけの日々を費やしてきたかよくご存じではないでしょうか。認知症と診断されるとこのような状況は変わっていきますが、すぐに変わるものではありません。

　知的障害のある子ども、10代の若者、および若年成人が、ボタンの着脱やお金の管理を学ぶことに苦労したときと同じように、認知症に対する支援対策の計画と実行が必要です。仕事上または個人的な関係にもかかわらず、その人の人生におけるすべての重要な人々が関わっていく必要があります。これには一貫したアプローチと情報共有が必要で、そしてとりわけ知的障害のある本人が関わることも重要です。認知症の診断後、あ

なたとあなたの家族はこれまでとは異なった道を歩むことには
なりますが、若かった頃と同じように、あなたの助けになる支
援や対策があります。それについては第5章で解説します。

レイチェルの例を以下に示します。これは、アウトカム・
フォーカス・アプローチにおける、現状維持のアウトカムのた
めに必要なものと、状況を改善するための変化のアウトカムに
必要なものを示したものです。

レイチェル

レイチェルはダウン症候群のある53歳の女性です。彼女は
地元のチャリティーショップで、週2日のボランティアを10
年間続けてきました。彼女はこのボランティアをとても楽しみ
にしています。彼女の母親が2年前に亡くなった後、レイチェ
ルは姉のキャシー（59歳）と義兄のマーク（63歳）とともに暮らし
ています。姉夫婦はともにフルタイムで働いており、彼らの2
人の子どもたちはすでに成人しています。彼女の87歳の父親
は、近くに住んでいます。

キャシーは、レイチェルが日々の暮らしの中で「いろいろと
難しくなっている」と言っています。彼女は、以前はテレビを
見るのがとても好きでしたが、今ではテレビを見ていても退屈
そうで、神経質に部屋の中を見回しているときがあるというの
です。彼女は落着きがなく、大きな音にとても驚きます。ま
た知らないことを頼まれることを非常に嫌がり、ここ数カ月、
キャシーとマークに対して怒りっぽくなり、母親の元へ帰りた
いと叫ぶのです。チャリティーショップの支配人は、先週レイ

チェルが自分の通り道に立っていたという理由でお客さんを怒鳴ったと言っていました。このことは、これまでのレイチェルからは考えられないことです。彼女は店でのイライラがつのっており、支配人は、レイチェルはもうボランティアをしたくないのかもしれないと考えました。

キャシーとマークは、レイチェルの行動が変わってしまい、集中力が低下し、日常生活のできないことが増えていることから、認知症の発症を心配しています。

私たちは、何が起こっているのかを知り解決するために、現状の問題点を細かく分析できるでしょうか？　そこでまず、レイチェルと家族が何を望んでいるかを考えましょう。

維持のアウトカム──現状を保つために必要なもの

レイチェルはチャリティーショップでのボランティア活動を楽しんでおり、継続を望んでいます。そして、彼女は家族と一緒にいることも望んでいます。彼女は、自分がなぜ落着きを失い、イライラするのかを言葉で伝えることはできませんが、自分が幸せな状態でないことは理解しています。

キャシーはレイチェルにボランティアの仕事を続けてほしいと思っており、レイチェルがボランティアを続けられるような選択肢が与えられることを望んでいます。実際には、レイチェルがボランティアの仕事をしていることでキャシー自身も助かっています。というのも、レイチェルがチャリティーショップにいる日の午前中は、キャシーとマークの両方が家を空けることができるからなのです。2人とも、今の仕事を続けたいと思っています。

変化のアウトカム――私たちは、この状況をどのように良くできるでしょうか？

変化のアウトカムは、より健康で快適な生活を得ることを目的とする必要があります。レイチェルは、若いときにベースライン評価を受けておらず、若い頃からの変化の有無を評価することは困難でしたが、眼科受診の結果レイチェルの片目に白内障が見つかり、視力に影響していることがわかりました。遠くのものが見えにくくなっていたのです。彼女はテレビの光が眩しく感じるようになり、横目で見るようになっていました。傍からは全然見ていないように見えていても、実際には彼女はそのようにしてテレビを見ていたのです。しかし、そのために実際には画面がよく見えず、多くの場面を見逃し、大音量がする場面の予測ができなくなりました。視力低下は少しずつ進んでいましたが、レイチェルはこのことを伝えることができず、チャリティーショップでは記憶にたよって同じ道筋を辿って行動することでその場をしのいでいました。お客さんが自分の通り道に立っていただけで怒ったことがありましたが、それは自分の道を塞がれていたために歩けなかったからなのです。

レイチェルは、眼鏡を作りました。レイチェルには常に眼鏡が必要であることが、本人にもチャリティーショップのスタッフにもわかりました。店内は電球が変えられ明るくなり、室内標識がつけられました。白内障の経過観察のための受診の予約をとり、いよいよ手術が必要となった際の病院を受診するための話合いがなされました。

レイチェルの母親が他界したとき、レイチェルは葬儀に参列しませんでした。その理由は、レイチェルがとても取り乱すの

ではないかとキャシーとレイチェルの父親が心配したためでした。そのため彼女は母親の死を悲しみ弔う機会を得られず、結果として非常に短期間のうちに母親と住まいの両方を失うことになったのです。キャシーとマークは彼女を守ったと信じていましたが、その潜在的な影響までは認識していませんでした。キャシーはレイチェルに、彼女にとっても母親の死がどれほど悲しかったかを話しました。2人は母親のお墓参りに行き、お花を手向けました。その後、定期的にお墓参りにいくようになり、そこでレイチェルはガーデンチェアに座って、母親に近況報告をするようになったのです。

考察

　レイチェルは認知症ではありませんでしたが、家族は彼女の行動のいくつかは認知症の早期症状ではないかと疑いました。一般的に、ダウン症候群のある人がある程度の年齢になり行動に変化が出てくると、たとえ実際にはそうでなくても、認知症によるものに違いないと考えられてしまいます。

　全体の状況をひとつにまとめて捉えるよりも、実際に起こっていることをひとつひとつ丁寧に分析することで、レイチェルは彼女と家族の双方にとって良い選択を続けられるような支援を受けることが可能となりました。彼女がなぜ両親と一緒に暮らせないのかについて理解し――これは彼女の望む答えではありませんでしたが――、彼女の心理面への対応として、肉親との死別について話す機会を作る取組みがなされました。レイチェルの母親の死後2年が経っていますが、レイチェルはまだ喪失感を抱いています。アウトカムは、家族、チャリティー

ショップのスタッフの他に、医療者と社会福祉の専門家を巻き込み、レイチェルが経験したさまざまな変化に向き合って対応したことで達成されました。このように、すべての人が一貫性のあるアプローチをとりました。

　もし認知症によって上記のようなことが起こっても、社会的なつながりを持ち、有意義な活動を続けたいというレイチェルの希望は変わらないでしょう。彼女と家族の好ましいアウトカムへのプロセスは異なる可能性がありますが、認知症が疑われたとしても断定せずに、治療可能な疾患が合併している可能性を常に探っていく必要があります。

〔36頁訳註〕
・ ミニメンタルステート検査は、米国で開発された認知症スクリーニング検査で、多領域の認知機能を簡便に検査できるものです。11項目からなる30点満点の検査で、23点以下では認知症の疑いがあります。1975年に出版されて以降世界中で普及し、日本でも日本語版が作成され、医療現場でも広く使用されてきました。ところが、2000年より著者が著作権を主張し、現在は検査キットの購入と使用料（1枚約1ドル35セント）が必要となっています。
・ Montreal Cognitive Assessment（MoCA）は、軽度認知障害（Mild cognitive impairment: MCI）を検出するためのスクリーニング検査です。MCIとは、記憶障害などの症状があるものの日常生活には支障はなく、認知症の前段階とされる状態です。MoCAは多領域（視空間認知、遂行機能、命名、記憶、注意、語想起、抽象思考など）の認知機能をバランス良く評価ができることが特徴で、11項目からなる30点満点の検査で、25点以下ではMCIが疑われます。日本語版MoCA（Japanese version of MoCA: MoCA -J）も作成されており、誰でも利用が可能です。
・ 日本では、認知症の簡易スクリーニング検査として、改定長谷川式簡易知能評価スケール（Hasegawa's Dementia Scale-Revised:HDS-R）が広く使用されています。年齢、見当識、3単語の記銘と遅延再生、計算、数字の逆唱、物品記銘、言語

流暢性の９項目からなる30点満点の検査で、20点以下では認知症の疑いがあります。

・ Addenbrooke's Cognitive Examination は、 現 在 は Addenbrooke's Cognitive Examination Ⅲ（ACE-Ⅲ）が作成されており、日本語にも翻訳されています（ACE-Ⅲ日本語版）。ACE-Ⅲは MMSE を検査内に含み、MCI や認知症を検出するためのテストです。MCI または認知症の検出において、HDS-R および MMSE よりも優れていることが報告されており、今後の臨床診断においての有用性が期待されています（〈https://www.sydney.edu.au/brain-mind/resources-for-clinicians/dementia-test.html〉も参照）。

・ いずれの検査においても、失語や難聴がある場合、視力障害がある場合などは、結果が不正確になることがあるため、注意が必要です。また、これらの検査はあくまでスクリーニング検査であり、単独で認知症の診断が行えるものではありません。認知症の診断は、経過やその他の臨床情報、検査の結果などを合わせて、総合的に判断されます。

〔40頁訳註〕

クロルプロマジン	抗精神病薬です。統合失調症のほかに、神経症による不安・緊張・抑うつにも効果があります。副作用として、眠気や集中力の低下、体のふるえやこわばりが出ることがあります。
オランザピン	抗精神病薬です。副作用として、眠気、集中力の低下の他に、体重増加、血糖上昇にも注意が必要です。
クロザピン	治療抵抗性統合失調症に対する治療薬で、日本では原則として指定施設での入院治療のもとで、内服する必要があります。
フェノバルビタール	抗てんかん薬です。てんかん発作の他に、不安・緊張の強い場合や、不眠症に対しても処方されることがあります。眠気、集中力低下の副作用に注意が必要です。行動や心理面に副作用が生じると、認知症の症状と誤解されかねません。

フェニトイン	抗てんかん薬で、さまざまなてんかん発作に効果があります。眠気など副作用があります。行動や心理面に副作用が生じると、認知症の症状と誤解されかねません。
バルプロ酸ナトリウム	抗てんかん薬で全身痙攣を伴うてんかん発作に対して処方されます。易怒性などの性格行動障害、躁うつ病の治療にも用いられることがあります。眠気などの副作用の他に、血中濃度が高くなりすぎると、体のふらつきや目眩などの症状が起こることがあります。血液中のアンモニア値が上昇し意識水準が低下してしまうと、認知症と誤解されかねません。
メペリジン	合成麻薬性の鎮痛剤です。
プロポキシフェン	合成麻薬性の鎮痛剤であり、日本では使われていません。

＊ クロルプロマジン、オランザピンでは、アカシジアというそわそわした感じが生じる副作用があり、落着きのない様子が認知症の症状と誤解されかねません。

＊ ここで挙げたものの他に、睡眠薬、抗不安薬、市販の消炎鎮痛剤、胃薬や、排尿障害の薬でもせん妄が起こることがあります。薬を内服している場合は、その量と種類を必ず確認し、かかりつけ医に相談してください。また、普段と違う病院を受診するときには、必ずお薬手帳を持参すると良いでしょう。

Chapter 4

認知症について
話し合う

　知的障害のある人の家族にとって、健康状態の変化について話し合うのに最も適している時期はその家族ごとに異なり、また、認知症の理解度によっても異なります。認知症を通じて得る経験は人それぞれで違うため、経験した変化の捉え方も違ってきます。本章では、まず知的障害のある本人と認知症の診断を共有し、次に友人や他の家族と認知症に関する対話を続けるためのコミュニケーション方法に着目し、その具体的な進め方を紹介します。

　知的障害のない人に認知症の診断がついた場合、本人に病名を伝えるべき理由はいろいろあります。

- 私たちは、自分自身に害のないものである限り、自分に関するすべての医療情報を知る権利を持っています
- 私たちは自分自身の体調変化を自覚しており、医師の診断はこの裏づけに過ぎないことがあります
- 病気の診断がつくことで、治療計画を開始することができます。これには薬物療法だけでなく、新しい支援やこれまでとは異なる支援を受けることなども含まれます
- 病名を知ることで、この先に起こりえることを考えられるよう

になり、特に金銭的・法的な問題について考えられるようになります

- 家族や友人とともに、本人の願いや何がしたいかなど、たとえばこれから先の認知症の進行期や終末期についての話合いにつながります

私たちは、たとえば祖父母や親が認知症になったり、テレビ番組で認知症が話題になったりした際に、知的障害がある人がどれだけ認知症を理解しているのかを常に過小評価してしまいます。けれどもこのような個人の権利に基づいた支援において、知的障害がある人たちも同じように自分の病名を知る権利があります。

- 認知症は、理解したり記憶したりする能力そのものを変化させます。感情的な問題に対処する能力に影響を与えることがあり、病名を理解できなかったり、またはその後に忘れてしまったりすることがあるかもしれません
- 病名を聞いたこと自体を、負担に感じることがあるかもしれません

これは、知的障害がある人にも当てはまり、これまでの経験から、病名を本人に伝えることに反対する意見をよく聞きます。その典型的な例としては、「本人には理解できないだろう」という意見と、「本人を動揺させたくない」という意見の２つがあり、理解できなくはありません。しかし、だからといって、その診断が変わるわけではないのです。

認知症のある本人との認知症の診断の共有は以前から推奨されており（Fearnley, McLennan and Weeks, 1977）、この推奨には症状がなぜ起こっているのかを説明し、認知症の原因となった具体的な病名について、本人の理解度に応じた言葉を使った話合いをすること、症状に対する治療ができる可能性、継続的な支援についての提案などが含まれます。

　これは知的障害のある人にも同様に推奨されることですが、伝えた情報がどの程度理解され、覚えていられるのかについての不安がある場合には、情報を伝えるための指針や方法があります。

- **本人に病気があることを説明するには、どのような情報を伝えれば良いですか？**
- **今日の本人の役に立てるためには、どれだけの量の情報を伝えれば良いですか？**
- **どのように情報を伝えていけば良いのでしょうか？**
- **私たち皆で一貫した支援ができるようになるためには、私たちにどんな情報が必要でしょうか？**

　このような事柄を考えていくことにより、診断とは1回限りの出来事ではなく、知的障害のあるあなたの家族を中心とした、現在進行中のプロセスであるということを理解できるでしょう。本人に「認知症」という言葉が理解されないこともあり、その場合はこの言葉を使用しても意味がないことをよく理解し、支援の専門家や友人、協力者などの他人も関わっていくことが求められます。コミュニケーションの方法によっては、誤解や混乱

を招くことがあるため、最初にコミュニケーションのあり方について考えます。そして、認知症の診断名を知的障害がある家族と共有するための方針について、詳しく見ていきます。

コミュニケーション

情報の伝達においては、私たちがそれを自覚していなくても、触れること、表情、立ち振舞いやボディランゲージなどの非言語的コミュニケーションの割合が多いといわれています。プリンストン大学の研究(Todorov and Potter, 2014)によると、顔の表情だけでなくボディランゲージを使うことによって、感情をより正確に伝えられるようになることが明らかになっています。つまり、その人の話し方、歩き方、立ち振舞いのすべてが、雄弁に語っているのです。心内にあれば色外にあらわれる、です。しかし、認知症のある人、特に前頭側頭型認知症のある人では、他人の顔の表情を読み取ることが難しくなることも知られています(Kamminga et al., 2014)。

知的障害と認知症の両方を持つ人では、感覚障害が隠れていることもあります。それを心に留めながら、彼らの行動について考えてみましょう。彼らは自分の経験を言葉で表現することが難しく、感覚障害に起因した行動自体も知的障害があるがゆえのものであるため、感覚障害が見過ごされていることがあります。

正しいことを言っていてもカッとなったときには、私たちのボディランゲージや声の調子によって、苛立ちが伝わります。人と向かい合うことは、直接的に相手に関心を持ち、関わって

いることを示しますが、相手に背を向けることはたとえ会話を継続していたとしても、関心が他にあることを示すことになります。認知症のある人は、実際の会話の内容ではなく声の調子だけが伝わっていることがあり、非言語的なサインに反応します。認知症のある人とのコミュニケーションとして推奨されている方法のいくつかは、知的障害のある人の家族にとっては目新しいものではなく、あなたはこれまですでに、そのようなコミュニケーション方法をとってきました。たとえば、その人が理解できる言葉を使い、一貫性を持っていること——簡単な文章で、一度にひとつの指示だけを含むといったものです。より具体的には、「靴を片づけたあと、コートをかけてから、おやつを食べに来て」といった声かけは複雑に過ぎます。また、以下のような2つのうちから1つを選ぶような質問では、最後に言った方が答えになってしまうこともよく経験すると思います。「コーヒーと紅茶のどちらにしますか？」では、答えは紅茶となり、「紅茶とコーヒーのどちらにしますか？」では、コーヒーと答えるようなことです。繰り返しますが、これは知的障害のある人の家族にとっては目新しいことではありませんが、知的障害がない人の認知症のある人の家族にとってはあまり経験がないことなのです。

　どのようなコミュニケーションをとるべきかは、視力障害の有無によっても変わります。加齢に伴う視力の変化と認知症に伴う変化の両方への理解が必要です。英国王立盲人協会の推定では、知的障害のある人のうち高度の視力低下のある人は、10人に1人に及びます（RNIB, 2016）。第3章では、加齢による視力の変化について述べましたが、知的障害がある本人に認知

症について伝えることを計画する際に、このことをもう一度考えてみてください。視力障害は、以下のような病気が原因となります。

- 加齢黄斑変性は、視力低下を引き起こします。視野の中心が見えにくく霞み、徐々にその部分が大きくなり、さらに進むと視野の中心に黒い部分が発生します。加齢黄斑変性は、片目にだけ発症することも、両目に発症することもあります。進行すると、目の前に立っている人が完全には見えなくなることがあります

【写真4-1】加齢黄斑変性による見え方

- 白内障になると、視界がぼやけたり、霞んだりします。また、薄暗いところや非常に明るい光の中では見えにくくなります。明るい場所が眩しく不快に感じ、色あせて見えたり、黄色や茶色っぽく見えたりします。たとえば、部屋を移動した際などの明暗の差に順応することに、時間がかかるようになります

【写真4-2】白内障による見え方

● 糖尿病性黄斑浮腫とは、糖尿病による眼合併症のひとつです。
糖尿病性網膜症の合併症として、黄斑部にむくみが出ます。症
状として、ぼやけて見えたり、像が歪んだりすることがありま
すが、必ずしも両眼で同じ症状が出るわけではありません

【写真4-3】糖尿病黄斑浮腫による見え方

● 緑内障は、目の中の圧力（眼圧）の上昇によって起こります。緑

内障では、眼圧の上昇に伴って急激に発症し痛みを伴う場合も
あれば、慢性に発症し症状を自覚しにくい場合もあります。視
野欠損は通常は周辺部分から始まるので、緑内障の人に声をか
けるときは、正面から声をかけると良いでしょう

【写真4-4】緑内障による見え方

● 円錐角膜はダウン症候群のある人に多く見られ、ゆがんで見え
　たり、眩しかったり、光がぼやけたり周囲に星が飛んで見えた
　り、霞んで見えることがあります。以下のような症状が挙げら
　れます

・　色、特に淡い色やパステルカラーの色の区別がつきにくくなる、
　　物と背景のコントラストが悪くなる

・　動くものがわかりにくくなる

・　物が立体的に見えなくなり、階段の段差が見えにくくなったり、
　　遠近感がわかりにくくなったりする

・　散らかっているテーブル、または模様が多いテーブルクロスなど
　　の上では、食べ物や品物を区別することが困難になる

【写真4-5】

＊模様が多い、または物が散乱したテーブルの上では、混乱しやすくなる。

　上記のことより、認知症の診断について伝える前に、環境調整が重要であることがわかります。これは、気が散らないように周囲の雑音を最小限にすることだけではなく、言語的・非言語的なすべてのコミュニケーションを積極的に進めるために必要とされる環境を整えることです。

本人と診断を共有する

　本人に最初に認知症の話を伝えるのは、必ずしも家族のあなたである必要はありません。ただ、知的障害がある本人にとってわかりやすい言葉や用語を一番知っているのは、他でもないあなたなのではないでしょうか。その他に英国では、知的障害の診療を専門とする地域の医師や看護師、作業療法士、デイセ

ンターのスタッフ、生活を支援するその他の専門的な介護者、さらには他の家族もこれに関わる可能性があります。診断を共有し、支援計画を作成する際に、図4-6で示した4段階モデルが役に立ちます。

【図4-6】認知症の診断に関する情報を共有するためのステップモデル

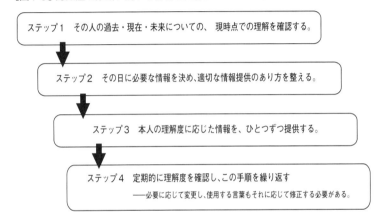

（Watchman, Tuffrey-Wijne and Quinn, 2015）

このモデルでは、「2つと同じケースはなく、それぞれに個別のアプローチが必要である」ということを示しています。認知症の診断を共有することで、知的障害がある家族が歳を重ねるごとにライフ・ストーリー・ワーク〔子どもや大人の過去・現在・未来を認識するように設計された ソーシャルワークの介入のこと。それは、回想療法の一部として、特に養子になる子どもたちや高齢者に使用されています〕の継続につながるというメリットがあります。たとえば、認知症の進行期や終末期などにおける本人の希望と選択についての、家族や友人との対話につながります。終末期を迎える前に、これまでの人生の振返り（ライフ・

ストーリー・ワーク)や最後の願いをオープンに話し合うことが理想的ですが、現実は必ずしもこの通りではありません。人生を変えてしまうような病気の診断が、議論を始めるきっかけになることもあります。病名を知ることで、将来何が起こるのか、さらに、今まで避けていた会話(たとえば、葬儀の希望など)を始めざるをえない可能性が生じます。これらの計画には、知的障害がない人のように金銭的な問題は含まれていないかもしれません。それでも法的な問題が含まれる可能性はあり、状況に応じて弁護士や成年後見人の手続を開始するきっかけになることもあります。

図4-6のステップ1で、ライフ・ストーリー・ワークは、現在の理解や過去の経験、重要な人間関係、過去に経験した変化や喪失などのイメージを描くことに役立ちます。たとえば、あまり適切な言葉ではありませんが、本人から「頭が働かない」とか、「私の頭はおかしい」とか、言われることがあるかもしれません。情報は誰のためのものであるかと心にとめ、本人に伝わるような言葉遣いをすることが大切です。人は自分がわかること——病気についての予備知識、今起こっていると考えていること、これから起こると考えられることなどについて——しか理解できません

また、ライフ・ストーリー・ワークは、図4-6のステップ2と3で提供される情報にも役立ちます。会話の際に絵や写真を使うことによって、頭や脳の病気であることがわかりやすくなります。「あなたは認知症です」のような単純な文章は一見わかりやすいですが、実は非常に複雑で、必ずしも良い伝え方であるとは限りません。

【写真4-7】

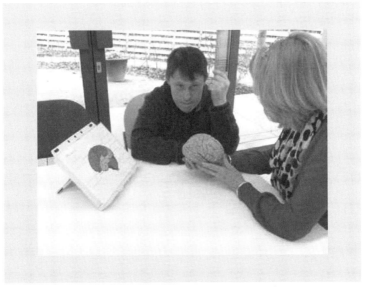

＊脳の絵や模型を使うことで、病気の説明がわかりやすくなることがあります。

　本人の認知症への知識の有無に基づいて、方針を検討することが重要です。というのも、すでに親や祖父母の世代の認知症を経験しており、認知症の理解がある場合と、そうでない場合では、アプローチが異なるからです。また、もし本人が認知症であるとわかった際に、恐怖とパニックを引き起こす可能性がある場合、利用可能なサポートと支援があることを強調して伝える必要があります。認知症の理解のために、今何が、そしてどのくらいの情報が必要であるのかを考える必要があります。多くの場合、最も重要なことは日々の体調変化に対応できるようになることです。しかし、これは同じことを繰り返して伝えてあげることでもあります。認知症ではわずか１時間前に伝え

たことも忘れてしまうことがあり、それを本人に思い出させようとすることは、あまり意味がありません。認知症や知的障害についての知識に基づいて、本人が理解できる言葉を使用し、その人自身の責任ではないことを伝えて、安心させてあげてください。

　第2章で述べたように、認知症による脳のさまざまな部位の機能低下は短期記憶の障害をきたし、最終的にはまったく思い出せなくなることを意味し、元には戻りません。たとえば親が亡くなったことを思い出させようとすると、本人はそのたびにまるで初めて聞いたような苦悩を感じることがあるかもしれません。その代わりに、このような語りかけが良いのではないでしょうか。「お父さんは、何をするのが好きでしたか？」「お母さんはこのテレビ番組が好きだったのですね」。このようにすれば、嘘をつくことなく不必要な苦痛を与えることなく、親が亡くなったことを思い出すことができるかもしれません。そして、すぐにまた同じことを聞かれるかもしれませんが、気をそらしたり、話題を変えてみたりすることを試みてください。

　望ましい説明方法は、本人の日々の行動により変わります。たとえば、学校やリソースセンター〔リソースセンターについては本章末尾の訳註参照〕に通う場合は、自宅とは異なり、トイレの場所や昼食代の支払いについての不安をなくすことが必要です。病気について本人が詳しく理解できないのであれば、病気の詳細な情報は本人にとってはあまり意味がなく、「調子が良くないようですね」とか、「あなたのせいではありませんよ」などと単純化して伝える必要があります。病気について話すときでも、その他のさまざまな情報について話すときでも、関わりを持つ皆が同じ言葉を使うべき

です。そして、家族と、医療または福祉の専門家と、友人たちとの対話を続けることが重要です。ステップ4で述べたように、「現在」は認知症の進行に伴い変化していくのです。

この章の最初に述べた、本人と認知症の診断を共有しない場合について、再度考えてみましょう。上記のステップに従って、個別の方法（認知症という言葉を使っても、使わなくても）をとることで、何か問題があったとしても、彼ら自身が可能な限りの支援とサポートが受けられるという安心感につながることでしょう。

友情と人間関係

知的障害や認知症のある家族が住んでいる環境——実家なのか、1人暮らしなのか、共同生活をしているのか——によって、対処すべき問題は異なります。たとえば、グループホームでは、友人や仲間などとの対人関係の問題から、他の利用者の部屋に入ってしまったり、イライラしやすくなったり、こだわりが増すなどの行動変化が引き起されることがあります。認知症になったことで、仕事やボランティアといった日中活動においては、スタッフが以前より長い時間あなたの家族と関わるようになることもあるでしょう。しかし、他の利用者や友人たちがそれを良く思わなかったり、また、あなたの家族の行動の変化に疑問を持ったり、怖いと感じたりすることがあるかもしれません。知的障害のある人は、生活の中で多くのものを失っていますが、それは必ずしも目に見えるものではなく、時に他人には気づかれないこともあります。知的障害のあるあなたの家族に認知症があることを話し合うことによって、友人、同僚、仲

間たちの怖いと感じる気持ちを和らげることができるでしょう。これには、状況やその人の理解力に応じて、以下の内容の一部または全部を適切に説明することを含みます。

- 認知症は、病気のひとつです
- 忘れっぽくなります
- 集中力が低下することがあります
- 正しい言葉が使えないことがあります
- いつもと態度が異なることがあります
- わざとやっているわけではありません

一方で、以下のように付け加えることも重要です。

- 認知症のある人と、友達や同僚のままでいられます
- 私たちは、彼らを助けることができます
- もしかしたら、「自分も同じ病気になったのではないか」と心配する人もいるかもしれませんが、誰でも時々は物忘れがあり、だからといって認知症になったわけではありません

たとえば、本人に対して「調子が悪そうですね」とか、「物忘れがあるようですね」などと話していた場合には、本人の友人に対しても同じ言葉で伝え、一貫性を保つことが重要です。

【写真4-8】

＊個人の権利と、それぞれの関係性が尊重されます。

家族と話し合う

　あなたが知的障害と認知症のある人の親、兄弟姉妹、または親戚のいずれかであり、疑いを含めた認知症の診断がついたとしても、家族で将来についての話合いを行いたくないことがあるかもしれません。知的障害がなくても認知症になった家族がいる場合では、今後の話合いに気が進まないことは理解でき、診断を受け入れたくないのはよくあることです。しかし、話合いは重要です。今後の計画を立てるために実際に集まることが難しい場合は、電話やSkype（またはLINE、ZOOMなど）のオンラインツールを活用して、話合いを行うこともできます。もし、

知的障害のある家族の健康の変化について話し合うことが難しい場合には、本書を渡してみてください。認知症の診断がつく前にこのような話合いを行い、認知症についてだけではなく、老化に伴うその他の問題や長期介護に関する将来の計画を立てたり、健康状態の変化に備えたりすることができるようになることが理想的です。家族内での意見の相違があると、必要な医療やその他の支援が遅れることにもなりかねません。認知症によるものであろうとなかろうと、体調変化の早期発見と早期治療は重要です。準備と用意が整ったときに家族がこれらの話合いを持つことが理想かもしれませんが、時に現実はそれを待ってはくれません。

　最も重要なことは、認知症のある本人が「自分は安全で支えられている」と実感できることです。そのためには、家族、友人、専門家のすべての人が、「本人が安全で、混乱や恐怖を感じないようにするためにはどうしたら良いか」ということを常に心に留めておく必要があります。

アウトカムを考える

　第3章のレイチェルの例を思い出してみてください。家族や親族と認知症についての話合いを行い、どのようなアウトカムの計画を立てられるかを考えてみましょう。これはそれぞれの家庭により異なりますが、以下のようなことを考えるのが良いかもしれません。

現状を維持するための計画

　認知症のある本人が、誰かの助けを借りてでも、続けたいこと、維持したいことは何でしょうか。また誰がそれを支援してくれるでしょうか。これには以下のことが含まれます。

- 今現在楽しんでいる、友人関係や人間関係を通じた社会参加を維持する
- 友達や同僚の会話の方法について──１人で、または誰かと一緒に話すのか？　絵を使うか言葉だけか？　単発の会話だけではなく、どのように続けていくのか？　診断について話すときには、他の家族も同じ言葉を使えるか？　誰が、いつ、どこで話すのか？

現状をよくするための計画

　認知症が進行していく中で、現状をよくするために必要なことは何でしょうか。他の誰が関わっていく必要があるでしょうか。たとえば、会話の能力が低下した場合、知的障害があるあなたの家族は、言葉以外のどのようなコミュニケーションが使えるでしょうか？　またケアに関わるすべての人が、重要な非言語的なサインをどのように理解すれば良いでしょうか？　知的障害と認知症がある本人はグループホームなどで共同生活をしており、そこに住み続けたいと思っている場合、認知症が進行し行動が変化していく中で、その人をどのようにサポートし続けることができるのでしょうか、また、それに携わるスタッフにはどのような教育が必要でしょうか？

　このようなことについて考えを巡らせ、さらに書き出して支

援会議に持参することで、できるだけ本人と家族の希望を中心とした意思決定ができるようになります。さらに、本人の権利を擁護することが必要になったときには、自信を持って行動することができるようになるでしょう。そして支援する側においては、個人のアウトカムに焦点を当てることでこれまでのサービスありきの方針から、その人の強みや能力、長所に重きを置き、より個人と家族を中心とした方法に変わっていくことが求められるようになるのです。

〔73頁訳註〕
アルツハイマー・スコットランドは、スコットランドの全国的な認知症慈善団体です。目的は、誰もが1人で認知症に向き合うことがないようにすることとされており、認知症のある人やその介護者、家族に支援や情報を提供したり、認知症のある人の権利を守るためのキャンペーン行ったり、重要な認知症研究に資金を提供したりしています。スコットランドの各地域にリソースセンター（認知症情報センター）があり、これらのセンターは、認知症のある人やその介護者が訪問したり、さまざまな活動グループに参加したりできるように、安全で親しみやすい環境を提供しています（Alzheimer Scotland ホームページより〈https://www.alzscot.org/our-work/about-us〉）。

Chapter 5
認知症診断後の支援対策

　本章では、知的障害と認知症のある人への支援において利用されうる、医療および医療以外の支援について述べていきます。まず、あなた自身の今後のニーズについて考えることから始め、痛みなどの周囲には理解されにくい問題についても考えていきます。認知症が進行するにつれ、このような問題はさらに理解されにくくなり、生活の質や本人の支援への希望に大きな影響を与えます。地域により利用可能なサービスは異なりますが、本章では利用しやすく、自宅でも行うことができる医療と医療以外の支援の概要と、さらに介護者への支援についても取り上げます。適切な介入や支援に関するアドバイスを得るためには、地域の医療専門職連合（Allied Health Professionals）[1]に相談することがよいでしょう〔日本では、高齢者の生活に関する相談窓口は地域包括支援センター、障害のある人の障害福祉サービスの相談窓口は相談支援事業所になります〕。知的障害があっても成人であることに変わりはなく、知的障害のある高齢者に対して、相手が子どものように接することが良い、とされていた時代はとうに終わっています。人は誰でも年齢に伴う健康上の変化があり、私たちは実年齢を常に気に留め

1　英国の医療専門職連合には、芸術療法士、ドラマセラピスト、音楽療法士、足治療師、栄養士、作業療法士、理学療法士、言語療法士などがおり、医師、看護師以外の専門職で構成されています。

るべきです。ただしそれは、人は大人になれば誰でも玩具や漫画、コンピュータゲームといった、いわば〝子どもっぽい〟趣味をやめるものだ、という意味ではありません。成人後もたとえば人形や電車の模型を集めたり、漫画を読んだりする人もいます。個人の好みは尊重されなければなりません。本書では、介護には相互の関係があることについても取り上げます。知的障害のあるあなたの家族が、あなた自身や親や、他の家族を支える役割を果たすこともあるかもしれません。

セルフケア（家族介護者であるあなたの自分自身へのケア）

　知的障害がある家族のニーズが変わると、あなたは常にその変化への対応を学び、適応することが求められるようになります。このようなとき、すべて1からやり直しのように感じ、イライラしたり、燃えつきた気持になったり、憤ったり、やるべきことをやっていないような気になったりするかもしれません。このようなことはよくあることで、認知症のある人の介護に携わっている人の10人中9人が、週に何回もストレスや不安を感じており、8割の人が介護に対しての自分の感情について、他人と話すことは難しいと感じています(Alzheimer's Society, 2016)。ショートステイを利用できる場合もありますが、知的障害と認知症のある人は短期間に施設を移動することが難しいことが少なくなく、デイサービスや訪問介護サービスなどその他の選択肢があることも知っておいてください。ニーズを細かく分析し、あなたと家族にとって役立つものに優先順位をつけ、自分ができることだけを行ってください。小さな目標の達成を

大切にし、ときどきその人が以前と変わらぬように見えること、つまり〝開いた窓〟にも注目しましょう〔本章末尾の訳註参照〕。

　他の知的障害のある人の家族と話すことも、助けになるかもしれません。自分自身の家族とは、異なる情報が得られることが多く、特に家族が認知症の診断を受けた直後には、とても役に立つでしょう。

医療支援

痛み

　知的障害と認知症がある人が、痛みを感じにくいとは考えないでください。その可能性はほとんどなく、痛みを表現することはじつはとても難しいことなのです。痛みによって引き起こされる苦痛と不快感は行動変化の原因となることが多く、向精神病薬の不適切な使用につながる可能性があります。これまで知られている限り、認知症自体には痛みはありません。しかし、認知症があると転倒などの他のリスクが高くなり、それによって痛みが起こる可能性はあります。

　認知症のある人は痛みを感じない、知的障害のある人は痛みを感じないというのは根拠がなく、誤りです。あなたの家族がいつも非言語的なコミュニケーションをとっている場合、本人が痛みを感じているかどうかはわかりやすいでしょう(Kerr, Cunningham and Wilkinson, 2006)。たとえば、痛みを紛らわせようとして、頭をたたいたり、腕や手の甲を噛んだり、体をこすったりすることが挙げられます。ただ、そうすることで怪我をしてしまうことも珍しくありません。頭や体の動きが増えた

【写真5-1】

＊痛みを理解するためには、注意深い観察が求められます。

り減ったりすることや、揺れる、一定のリズムで動く、逆に
じっとして動かない、触られることに敏感になることなども、
痛みを感じているサインである場合があります。中には、筋肉
の痙攣による痛みのあまり、他人に殴りかかったり、噛みつい
たりすることもあります。認知症があると、痛みの有無を判断
することが難しくなってしまうのです。

　痛みの評価にはいくつかの方法があり、自分で図に記入する
方法もあれば、顔の表情を表した絵を使って評価する方法もあ
ります。これは適切な評価方法ですが、その一方で、知的障害

のある人や認知症のある人の中には、絵に描かれた顔の表情の判別が難しいこともあります。早く簡単に評価できるものでも、前回の内容を覚えていると実際には痛みがあるにもかかわらず、痛みがなかった回と同じ答えを選んでしまう可能性もあります。

　アビー・ペイン・スケール（Abbey Pain Scale）（Abbey *et al.*, 2000）などに代表される痛みの評価尺度は、家族や介護者が本人に変わって行動変化の様子を記入し、評価するものです。英国北東部での調査によれば、家族や介護者の多くはその人の苦痛に敏感であるものの、「何かがいつもと違う」とだけしかわからず、実際に何か起こっているのかはわからないとされています。痛みにより黙り込んでしまうこともあるものの、痛みはそれ自体が目に見えたり、必ずしも何らかの変化として外に現れたりするものではありません。そこで、言語的コミュニケーションに困難がある人の痛みを評価するものとして、ディス・ダット（DisDat: Regnard *et al.*, 2003）というチェックリストが作成されました。これは家庭でも使用できるもので、個人差はあるものの痛みと苦悩の行動は似ている点に着目し、その人の苦悩に注目して、痛みを評価しようとしたものです。

　寝返りをうたずに同じ姿勢で長時間寝続けたり、関節炎や昔からある痛みが続いていたりする場合に夜間の痛みが起こりますが、その多くは自覚されません。また、夜間歩きまわることは「認知症」の症状だと思われがちですが、痛みが原因であることもあります。認知症による脳の病変部位により、体のどこに痛みがあるのかを十分にとらえられないことや、痛みがあってもそれを言葉にできないこともあります。さあ、ここで探偵さんの出番です。効果があるならば、特に指示がない限り「何か

あるといけない」と考えて鎮痛剤を飲まないでいる理由はありません。たとえば、座り方についても考えてみましょう。椅子の高さが腰痛の原因になっていないでしょうか？

　年齢ともに、足の腱や靭帯が固くなり、足の形が扁平となっていきます。この場合、靴のサイズを変える必要があり、若い頃履いていた靴をそのまま履こうとすれば、痛みの原因となるかもしれません。

　行動の変化は、痛みのメッセージかもしれません。知的障害や認知症の進行と判断するのではなく、まずは「痛みがないかを考える」ということが重要です。

認知症治療薬

　認知症の根本的な治療法はありませんが、進行を遅らせる薬はあります。心臓などに病気がある場合を除き、内服を検討する価値はあります。認知症治療薬の内服は、進行を遅らせる効果があることがありますが、根治療法ではなく、認知症が進行することに変わりはありません。認知症の治療においては内服薬が単独で効果があるわけではなく、環境調整や他の社会的介入も同時に行うことが必要です。これについては本章の後半で述べます。

　新しい薬を内服する際には必ず低容量から開始し、一度に複数の薬を開始することは避けなければなりません。薬物治療では、明らかな副作用の有無、睡眠リズムや行動への影響などを年に１回は必ず確認する必要があります。認知症治療薬に関する研究や臨床試験のほとんどは、知的障害のない人を対象としています（Courtenay and Eadie, 2014）。2016年５月より、ドネペ

ジル、ガランタミン、リバスチグミンは中等度アルツハイマー型認知症患者だけではなく軽度アルツハイマー型認知症患者にも推奨されており、メマンチンはアセチルコリンエステラーゼ(AChE)阻害剤を服用できない中等度および重度アルツハイマー型認知症患者への治療選択のひとつとして推奨されています(The National Institute for Health and Care Excellence, 2016a)。強いエビデンスはないものの、経験的にはドネペジル〔日本ではアリセプト®〕の内服は良い効果をもたらす可能性があるといわれていますが、中には強い副作用が出ることがあり、注意深い観察が必要です。なお、ダウン症候群のある人の認知症へのメマンチンの治験では、認知症に対しての効果は得られず(Hanney et al.,2012年)、ガランタミンは、知的障害のある人を対象とした治験の報告はありません。

　ドネペジルには腹痛、下痢、攻撃性、尿失禁といった副作用が報告されており、これを上回る効果があると判断された場合にのみ投与されます。副作用が強い場合は医師と相談のうえで、服用を中止する必要があります。新しい薬を飲み始めてからの体調の変化や副作用などを日々記録してみてください。診察のときに持参して、相談することができます〔薬の種類について本章末尾の訳註参照〕。

　英国国立医療技術評価機構(The National Institute for Clinical Excellence, 2016b)は、知的障害のある患者ではみずから副作用を訴えることが困難であるため、処方の際には一定の期間で評価を行うように推奨しています。第3章で述べたように、知的障害のある人に対する認知症の診断は容易ではありません。初期の段階ではわからないことが多く、実際は診断されるだいぶ前から症状があった、ということもありうるのです。

その他の内服薬

　知的障害のある人では認知症の診断以前から、向精神薬の不適切な処方が行われている、という問題が指摘されています（Royal College of Psychiatrists, 2016）。向精神薬の使用が例外的に認められるのは、幻覚が本人や周囲の人に著しい苦痛や危害が及ぶ可能性がある場合やうつ状態の場合で、投与量・投与期間を少量・短期間にとどめることが求められます。英国心理学学会（The British Psychological Society）は、可能であれば家族や本人と十分に話し合ったうえで内服することを推奨しています（The British Psychological Society, 2015）。薬物療法は、最初は低用量から開始し、注意深い観察と３カ月ごとの評価が必要です。レビー小体型認知症の場合は、ハロペリドールなどの抗精神病薬に過敏に反応し症状が悪化し、重篤な副作用が起こる可能性があるため、認知症の原因となった病名を理解しておく必要があります。

医療以外の支援

　認知症によるさまざまな症状を緩和するための支援は、自宅、デイサービス、就労先、入所施設などでも受けることができます。認知症のある人によく見られる行動には、以下のようなものがあります。

- 昼と夜の区別がつかなくなる
- イライラする
- 暴言や暴力

- 自分の住んでいるところがわからない
- 家の中の物の置き場所がわからない
- 叫んだり、騒いだりする
- 鏡の中の自分がわからない
- 妄想、思い込み
- 人前で服を脱いだり、不適切に体を触ったりするなど抑制がなくなる
- 自宅でも「家に帰りたい」と訴える

　上に挙げた行動が認知症による症状であると言えるのは、認知機能の変化や悪化がある場合のみであることに注意してください。ここで重要なのが、第3章で説明したベースラインです。時間の経過に伴う微妙な変化を見つける際にも役立ちます。もし、知的障害があるあなたの家族が普段からよく喋り騒がしければ、それは認知症とは限りません！　また、これまでになかったような行動が出たとしても、まず最初に治療可能な病気を除外するべきで、早計に認知症と判断してはなりません。

　認知症のある人は、日常生活や社会的環境の変化によりさまざまな症状が悪化する可能性があり、引越しも影響することがあります。たとえば、親が亡くなった後に実家を出て生活することが、健康状態や日常生活能力、行動の変化につながる可能性があることが指摘されています。変化が急に起こった場合は、認知症ではなく感染症や脱水などから起こる場合が多く、この場合には先に挙げたようにせん妄を伴うことがあります。せん妄とは、病気や薬などが原因で起こる急性の意識障害です。認知症と間違われることが多いですが、突然に発症し治療が可能

なもので、認知症とは異なります。

　次項では、認知症のある家族を支援するための、自宅で試すことが可能で、比較的費用のかからない取組みを紹介します。

住環境を工夫する

　認知症のある人が過ごしやすくなるには、住環境を整える必要があります。認知症がある人が過ごす場所は、静かで、馴染みがあり、予測可能でありつつも適度な刺激があることが原則です。

〈絵表示をつける〉

　認知症のある人には、絵表示が役立ちます。ただし慣れないうちは、以前に使えていたものでも同じように効果があるとは限りません。もしうまくいかない場合は、別のものを試したり、しばらくたってからやり直したりする必要があります。

〈適度な環境〉

　静かで落ち着いた環境は大切ですが、まったく刺激のない環境はむしろ逆効果で、本人にとっての丁度良い刺激が大切です。ある人には良くても別の人にとっては騒がしく、混乱することがあります。また、私たちが気にならない程度の低音の雑音でも、認知症がある人にとってはうるさく聞こえ、負担に感じることもあるのです。

〈見た目にメリハリを〉

　認知症のある人には、メリハリが大切です。たとえばトイレ

を目立たせたいなら、便座を目立つ色にしてみましょう。とはいえ、家の中では派手な色の便座は嫌がられるかもしれず、便器全体を赤くする必要はありません。たとえば、白い便器に便座だけを青くすることなどで、わかりやすく見えるようになるかもしれません。

〈階段とドア〉

階段の手すりを壁とはまったく違う色にすれば、手すりがどこにあるか見つけやすくなり、階段の昇り降りがしやすくなります。同じように異なる色のドア枠をつけることで、ドアがわかりやすくなります。また反対に、ドアと周囲の壁を同じ色にすれば、目立たなくすることができます。

〈窓に映ると〉

外が暗くなってきている時間にカーテンが開いていると、窓は鏡のように見えることがあります。自分が映っていることを認識できないと、混乱や恐怖を引き起こす場合があります。

〈トイレと浴室〉

トイレや浴室は、問題が多く起こる場所です。家の中での場所をわかりやすくするために、絵表示をつけたり、ドアを開けたままにしたり、夜には明かりをつけっぱなしにしたりする必要があります。トイレは出口がわかるように、内側にも絵表示をつける必要があり、これは公衆トイレも同様です。家の中の場所がわかりやすくても、そこまで歩いて行きやすくなければなりません。床が光っていると水たまりのように見えてしまい、

【写真5-2】

＊窓は時間帯によっては反射して見えることがあり、混乱をきたすことがあります。

その上を歩いたり部屋に入ったりすることを嫌がるかもしれません。

〈部屋は明るく〉

　照明を明るくすることや、自然光を最大限に取り入れることで、加齢に伴う視力の低下があっても見えやすくなります。周囲が見えやすくなると、体を動かしやすく移動しやすくなります。部屋ごとに照明が急に変わり、眩しかったり、暗過ぎたりするようなことは避けてください。太陽の光は私たちの日内リズムを作り、良く眠れるようになります。

〈フローリングとカーペット〉

　部屋と部屋の間の床やカーペットは、なるべくつながって見えるようにするのが良いでしょう。家の中を見渡してみてください。隣の部屋までのフローリングは同じですか？　部屋の入り口や境目で長い間ためらっている人は、これが段差に見えている可能性があり、混乱したり、転んだりすることがあります。

【写真5-3】

＊認知症のある人は、部屋の入り口で足を上げたまま立ちつくすことがあります。また、境目が段差に見え、転倒につながることがあります。

　知的障害のある家族の家を見回してみて、認知症のある人からはどう見えるかを作業療法士にアドバイスを求めてみましょう〔英国では作業療法士が行う業務範囲が広いですが、日本では多くはケアマネージャー、訪問理学療法士、作業療法士が中心に行っています〕。どのような環境調整ができるでしょうか？　認知症のある人は鏡に写る自分自身がわからないため、鏡の場所が問題となることはないでしょ

うか？　ただし、鏡の中の自分を年上の親戚だと思い、安心して落ち着くこともあります。ショッピングセンターやホテルなど、外出先でも注意深く見てください。あらゆる場所で、認知症のある人を支援するための環境調整は行なえます(Dementia Friends, 2016)。

個別活動

〈玩具と人形〉

玩具や人形を使ってみましょう。中等度または重度の認知症のある人に対して、人形が癒しと心の落着きをもたらす可能性があるという研究報告が増えています。誰でも人形を使って自分が若いときにやっていた〝赤ちゃんのお世話〟ができ、洋服を畳んだり、ベビーカーを押したりするなどの遊びを通して活動性が増します。とはいえ、知的障害のある人が子どもを持つ可能性は低いため、この研究の対象には含まれておらず、同じであるかどうかはわかりません。したがって、知的障害と認知症がある人が人形に関心を示さない場合には、押しつけないようにしてください。人形に興味を示すのか、手に取るのか、何もしないのか、個人の選択に任せるようにしてください。人形や玩具などを使うことは、年齢相応の活動ではない、見下しているのではないか、という議論がありますが、玩具や人形は誰のためのものでしょうか？　もしそれがあなたの知的障害がある家族に対して快適さや、安心感、目的意識を与えてくれるとすれば、周りのスタッフや家族の反対はさほど重要ではないでしょう。これまでの認知症のある人に対する多くの医療介入と同様に、まずは試して様子を見ましょう。その効果は変化しう

るため、定期的な見直しをすべきであることを忘れてはいけません。

〈感覚刺激と認知症マフ〉
　知的障害のある人々、特に自閉スペクトラム症のある人々にとって、感覚や触覚で楽しむ玩具は新しいものではありませんが、最近では認知症のある人たちへの支援や、個別活動にも取り入れられています。ただし、認知症のある人は、痛みのサインとして肌や布を触ったり、ひっかいたりすることがよくあるということに注意が必要です。握りやすいボールや認知症マフ

〔 マフとは、欧米の主に女性が使用する筒状の防寒具のことで、認知症マフとは、毛糸で編まれた筒状のニットにさまざまなボタンや飾りがつけられているもの。英国の病院や高齢者施設で利用されており、認知症のある人がこれに手を入れたり触ったりすることで、気持ちが落ち着く効果あると言われています 〕などはくつろぎと適度な感覚刺激になりますが、これらの介入によって痛みの有無などが見落されてしまうことのないようにしなければなりません。

〈回想法〉
　認知症がある人の回想法の評価については、まだ一定のものはありませんが、少しずつその報告が増えています。しかし、現時点では知的障害のある人に対するエビデンスはありません。集団での活動のために集まるよりも、むしろ回想やその他の活動が1人ひとりにとって意味のあるものになるように、個人の好みを知ることの方が重要です。一般に認知症のある人では、長期記憶が保たれているために昔に戻ってしまい、若いときに食べた食べ物や当時流行ったテレビ番組や音楽を好むようになるということを、耳にしたことがあると思います。しかし、もし知的障害のあるあなたの家族が、長年あなたと一緒に住んで

いたとしたら、彼らの好みは同年代の人々と同じではなく、あなたの好みと同じであるかもしれません。同様に、長期入院や入所施設で育った人も、大きく異なる可能性があります。

〈ライフ・ストーリー・ワーク〉

回想法の1つであるライフ・ストーリー・ワークは、知的障害がない高齢者において認知症の診断後に用いられることがよ

【写真5-4】

＊すべての写真に、名前や場所、あなたの家族との関係などの短い見出しや説明をつけてください。そうすれば、将来介護を行う人にも、ライフ・ストーリー・ブックが有意義に使えます〔訳注：ライフ・ストーリー・ワークとは、認知症の人が、自分の人生において大切な過去の出来事や手掛かりとなるものを集め、振り返り、自身の人生の物語を形作る支援をいいます。ライフ・ストーリー・ブックは、そこから紡ぎ出された物語を記録したものです〕。

くあります。本や写真を用いることで、過去を思い起こし、その人をよく知らない新しい介護者であっても、大切なことについての話ができるようになります。この方法はかなり早い時期から、知的障害のある人のコミュニケーション手段のひとつとしてよく用いられてきました。しかし、ライフ・ストーリー・ワークには良いことだけでなく、辛い記憶を思い起こさせることもあることを知っておいてください。

音楽

音楽は種類と長さによっては、認知症のある人に幸福感をもたらすことが知られていますが(Elliott and Gardner, 2016)、嫌いな音楽を長時間聴かされたら、どうでしょうか。不愉快に感じ、最悪の場合怒り出すことになり、他人との関係にも影響します。これは認知症のある人も同じです。しかも認知症のある人は、そのことを伝えたり、自分で音楽を止めたりすることができない可能性があります。良い音楽には大きな力があります。会話ができなくても、一緒に歌うことができるかもしれません。他人と音楽を楽しむことに同じレベルの認知機能は必要なく、認知症のある人の音楽を楽しむ能力は、話すことよりも長く保たれます。第2章で述べた脳のさまざまな機能を覚えていますか？　重度の認知症のある人でさえ、歌ったり、手を動かしたり、音楽に合わせて手をたたいたりすることができるかもしれません。これは言葉で会話することができなくなっても、可能なことなのです。なぜならば、このように一度覚えた動きには複雑な認知機能は必要なく、音楽に関連した脳の領域は最後まで保たれることがあるからです。ただしその人の好みのもの

でない限り、音楽やテレビ、ラジオは、「ただつけっぱなし」の
BGMとして流されるべきではありません。ちなみに知的障害
のある人々は、楽しい歌が入った音楽プレーヤーを喜んで使っ
ています(Playlist for Life, 2016)。

屋外の場所

　認知症のある人が自分の「家」や記憶の中の「家」に帰ろうとし
て、行方不明になったというニュースは、本当によく耳にする
と思います。家の近所ではなく、またすでにそこには家はない
にもかかわらず、それでもその人は以前に通ったことのある道
をたどろうとするのです。それを防ぐためには、安全に歩ける
場所(散歩道)を作ることが有効です。理想的には、屋内と屋外
の両方で、休憩できる椅子や鑑賞できる花や写真、その他の気
晴らしになるような物があると良いでしょう。認知症ケアにお
いてはよく「徘徊」と呼ばれますが、徘徊とは目的がないことを
意味し、これは正しくありません。実際には、その人はたとえ
そこに行けないとしても行きたい場所がある、つまり目的があ
るのです。また、その人が活動的でなく自発的には動かないと
しても、屋外では自然光を浴びることができ、睡眠とさまざま
な身体の不調が改善されます。

リソースセンター (認知症支援センター) とデイケア

　以前は社交的で、さまざまな活動に参加することを楽しんで
いた人でも、認知症になった後には以前の活動をやめてしまう
ことがあるかもしれません。しかし、これは必ずしも人と関わ
りを望まなくなったということではなく、どのように参加すれ

ば良いかがわからないという可能性もあるため、きちんと確認するべきです。とはいえ認知症が進むと、個別の関わりがより重要となります。その人が同じ行動を何度も繰り返していても、本人が不安にならず楽しんでやっている限りは、心配はいりません。知的障害のある人にとっては、私達たちのやり方や決められたプログラムを押しつけようとするよりも、有益です。すでに述べた環境、歩道、照明、有意義な活動などの支援対策は、知的障害と認知症がある人の能力と意欲に違いをもたらし、家の外での日中活動を維持することにつながります。

リソースセンター（認知症支援センター）〔リソースセンターについては79頁訳註参照〕やデイセンターは、騒々しかったり、活動内容が合わなかったりするために参加が難しいことがありますが、本人にとって意味のある楽しい活動に集中することができ、動き回る必要がなければ、より長く利用することが可能となります。遅刻と早退が可能な場合もあるので、騒音や混雑した時間帯を避けることもできます。

支援のためのテクノロジー

認知症のある人を支援するテクノロジーは、入院日数の短縮による入院患者数の減少と、介護施設への入所者数の減少をもたらす可能性があり、英国の医療者や社会的ケアの提供者からますます注目されています(York Health Economics Consortium, 2012)。知的障害のない認知症のある人において、支援テクノロジーは、自立を支援し、不安を減らし、有意義で積極的な活動への参加を増やすことが示唆されていますが、まだそれほど説得力のある証拠は得られていません(Kerssens *et al.*, 2015)。支

援技術は服薬リマインダーから、シャワーの温度を一定に保つ装置、ガスの自動停止装置、GPSシステムにまで及び、そのほとんどは、すでに自立した生活を送っている人々を対象としています。認知症のある人の家族は、機器の使用方法や維持管理についての十分な説明や指示がないことを最も心配しています。アルツハイマー・スコットランド(Alzheimer's Scotland, 2015)は、テクノロジーが認知症のある人に違いをもたらすことができる、という意識の向上のため、「認知症のある人々のための技術憲章」(Technology Charter for People with Dementia)を策定しました。これは、家族のための遠隔介護、遠隔医療、技術についての議論を行うことに役立つ枠組みとなり、次のことを定めています。

- 実践とサービス提供は権利に基づいており、個別化され、差別はありません
- 無償の介護者と家族は、介護の対等なパートナーとして認められ、評価されています
- 技術についての情報とアドバイスは、わかりやすい日常的な用語とさまざまな書式で入手できます
- 技術への道とその利用は、倫理的で、公平で、簡便で、理解しやすく、使いやすいものです
- 技術への配慮は、統合された認知症介護の道筋におけるすべての重要な点に組み込まれています
- 技術は、人の介入を強化はしますが、それに取って代わるものではありません

認知症ケアでは夜間の介護が必要となる可能性も高いため、

上記の最後の点は特に重要です。介護環境にもよりますが、支援テクノロジーを使うことで、夜勤の職員が夜間の問題に対応することができるようになるだけでなく、静かになった時間に個別の支援を行うことも可能となります。

　専門のスタッフと一緒に、遠隔介護と支援技術を取り入れる目的について考えてみてください。パーソン・センタード・アプローチ(person-centred approach)〔認知症のある人を人として尊重し、そ〕に基づの人の立場に立って行う認知症ケアき、その人の自立をより長く保つためのものである場合には、これらのテクノロジーの導入はより効果がありますが、ただリスクを減らすことが目的の場合は、その効果は限定的です(Bowes and McColgan, 2013)。

食事の対策

　食事の時間は、認知症のある人にとっては辛い時間にもなりえます。集中力の低下、食欲の低下、味覚の変化が起こりうるからです。1日に2〜3回のしっかりした食事をとるよりも、少量ずつ食べたり、手で食べることのできるもののほうが、楽しく食べることができるかもしれません。認知症のある人にとっては、日中の静かな時間やむしろ夜に食事をしっかり取ることが好ましいことすらあります。大切なことは、決められた時間に食事をとることではなく、栄養と水分の補給です。認知症のある人では、食事の合図がわからなかったり、また、自分が食事をしたのかどうかも徐々に忘れたりしてしまいます。視力の問題で、食べ物がどのように見えているか、または見えているのかどうかの確認が必要なことを覚えておかなければなりません。食事の際には、真っ直ぐ座るように促すことで、むせ

たり食べ物を誤嚥したりすることを防ぐことができます。

【写真5-5】

＊食事の間のむせに注意し、言語聴覚士にアドバイスを求めてください。

　食べ物をうまく飲み込めずに、口の中に留め込んでしまう危険もあります。これは、食べ物を飲み込むための口や喉の筋肉が正しく機能していないことを意味します。

　食べ方や飲み方を忘れてしまっているようなら、スプーンやフォークなどを手に持たせてあげてください。あなたが手を添えて口まで運べば、本人がそれを食べたいかどうかを判断できます。美味しいものより、味つけが濃いものや甘いものが好まれるかもしれません。途中で食べるのをやめてしまっても、食

事が終わったと考えず、もう少し様子を見てください。

　認知症のある人は、他人と同じことをしたり、真似をしたりすることがあります。何をすればいいかわからないとき、その人は自分の知っている誰かを真似ることがあります。たとえば、家の周りであなたの後をついて歩くのはそのためです。認知症のある人は、何をすればいいのかを教えてほしいと思っており、あなたがそれを知っているように見えるのです。これは食事の際にも言えることです。認知症のある人が他人のお皿に手をつける光景は珍しくなく、それはそのお皿から他の人が食べているのを見ているからなのです。

　食べることが難しくなったことへの対応として、最初はまずスクランブルエッグのようなやわらかい食べ物に変え、その後、とろみをつけたり、つぶしたり、裏ごしにしたりするように、言語聴覚士から指導されることがあります。介護食でもひとつひとつを味わえるように、食材を混ぜ合わせず、それぞれ別に調理することを心がけてください。

アウトカムを考える

　繰返しになりますが、それぞれの人での目指すアウトカムは異なります。あなたの家族がどこで生活していても、出発点は本人にとって何が重要なのかということに変わりはありません。認知症の進行につれてそれは変わり続け、何が必要なのかを理解するのはより難しくなります。早い段階で、本人の希望や好み、ライフワークについて話し合っておくと、認知症が進行した時期に役に立ちます。

〈現状を維持するのに役立つこと〉

● 社会参加をすること

● 家が安心・安全であると感じられること

● 併存する健康問題に対処すること

　知的障害があるあなたの家族は、友人達とのグループ活動よりむしろ静かな環境での、１対１の交流を好むかもしれません。また、どのような専門家があなたの家族の会議に参加する必要があるかを考える必要がありますが、その専門家があなたの家族の希望をすべて理解できるとは思わないでください。本人の希望を理解しているのは、実際の日常のケアにあたっている人たちなのです。

　現状をよくするためには、認知症の進行に伴い、より幅広い専門的な支援の必要性を理解しましょう。長期的、継続的に安心できる生活を送るためには、環境調整や転居が必要な場合もあります。施設への長期入所については、必要になったときではなく前もって考え、必要な手順を進めておくことで、誰にも起こりうる移動に伴う困難を防ぐことができます(National Task Group on Intellectual Disabilities and Dementia Practices, 2012)。転居の必要性の有無は、本人の今住んでいる場所、そのまま住み続けたいという希望の有無、そして、それが可能であるのかにより決まります。

　あなたにとってのアウトカムと、本人にとってのアウトカムは同じではないかもしれません。ケアプランの会議では、そのことをきちんと話し合って、記録してください。家族であるあなたも自分の希望を主張する権利はあり、知的障害のある本人

と必ずしも同じことを望む必要はありません。

〔82頁訳註〕
認知症では、さまざまな認知機能がすべて同時に低下するわけで
はありません。できることとできないことの差が非常に大きく、さ
らには、昨日できていたことが今日はできないなどの症状の波が
あることは、珍しくありません。このように、認知症の症状に波
やムラがある状態は「まだら認知症」とも呼ばれ、介護者が混乱
してしまうことも少なくないのです。そのような場合、介護者は、
本人が怠けているわけではないことを理解し、割り切って本人の
訴えを聞き流すように指導されることもあるのではないでしょうか。
しかし本書では、時々ふと本人が以前と変わらぬように見える時
間＝〝開いた窓〟を大切にすることを述べています。

〔86頁訳註〕
本文中は英国での適応です。ここであげられた薬は、日本でも認
知症の治療薬として広く使われています。

ドネペジル	商品名はアリセプト®。アルツハイマー型認知症、レビー小体型認知症に適応があり、軽度から高度までの認知症症状に対して、幅広い適応があります。錠剤の他に、ドライシロップ、ゼリーなどの剤形があります。
ガランタミン	商品名はレミニール®。軽度および中等度のアルツハイマー型認知症に対して、適応があります。
リバスチグミン	商品名はイクセロン®、リバスタッチ®。軽度および中等度のアルツハイマー型認知症に対して適応があり、貼付剤（貼り薬）です。
メマンチン	商品名はメマリー®。中等度および高度のアルツハイマー型認知症に対して、適応があります。

Chapter **6**
これから何が起こる
のでしょうか？

　ダウン症候群のある人が認知症になりやすい年齢から考える
と、親が60代後半から70代前半の頃に、家族にとって最も大
きな変化が起こるかもしれません。これは他の原因による知的
障害のある人とは異なり、認知症の最初の症状が現れるとき、
親はもっと高齢であるかもしれません。そのような状況では、
すでに主たる介護者が親ではない可能性があります。一般の人
では、認知症になった後の介護を担っているのは、配偶者やそ
の他の家族です。しかし、知的障害のある人の兄弟姉妹や親戚
はかなり若い年齢から家族の重要な変化に直面する可能性があ
り、たとえあなた自身はまだ自分の介護者としての役割を認識
していないとしても、これから認知症のケアという新たな役割
と、仕事や子育て、さらには高齢の親の介護などを両立させる
必要があるかもしれないのです。

　どのようなケアの場面においても、または新たなケアを検討
するときも、知的障害のある人たちを支援し、コミュニケー
ションをとっているスタッフが、どれだけそのケアに詳しく自
信を持っているのか、スタッフの知識や技術の向上のためにど
れ位の頻度でトレーニングが行われているかを質問してみま

しょう。現在あなたの家族が生活している場所により、今後の
ケアプランは変わります。以下に可能性をあげてみます。

- 一人暮らし（福祉サービス利用、または家族の支援）：この場合、支
  援を増やすことについての話合いが必要です。新たな支援を開
  始する時期、誰が担うのか、サービスを利用するための方法に
  ついて検討してください。夜間のケアは必要ですか？
- 高齢者施設：ここではあなたの家族は、他の入所者よりもずっ
  と若いでしょう。いくつかの施設には、65歳以下の認知症の
  ある人も入所していますが、一般的には知的障害のない人が対
  象です
- 知的障害のある人のシェアハウスまたはグループホーム：ス
  タッフは、認知症のない知的障害のある人の支援には慣れてい
  るものの、おそらく認知症を発症した後の支援の経験は少ない
  でしょう。ここでも、夜間の支援が可能かどうか検討する必要
  があります
- 親または兄弟姉妹との同居：かつては、知的障害のある子ども
  が親よりも長生きするとは考えられなかったでしょう。しかし
  現実には多くの知的障害のある人が、健やかな高齢期を過ごし、
  親よりも長生きをしています。この問題は、認知症がなくとも、
  家族にとっては重大です

　英国では18歳になったら、その親はもはや未成年後見人で
はありません。他の若者と同様に彼らは親の言うことを聞かな
くてもよいのです！　もし、本人が意思決定における法的能力
を持っていれば、本人の意思が尊重されるべきです。もちろん、

意思決定能力を失ない、医師によってその能力がないと診断された場合には、複雑な問題となります。意思決定支援とは、他人による決定の代行ではなく、知的障害のある本人から自身の選択や意向に関する意思を聞き取り、それを尊重することが求められます。意思決定の代行は、本人に意思決定能力がまったくないと判断されたときのみに限られます。意思決定能力は変化し、43歳のときに法的能力があるとみなされても、45歳になったときに同じであるとは限りません。それは流動的・連続的なプロセスで、たとえば将来の住まいや医療についての意思決定はできても、財産管理ができない人もいるかもしれません。ほとんどの国には、重要な意思決定支援のための、後見制度があります。後見人は、必要かつ限定された事項のみ、権限を持ちます。どのような選択肢を利用できるかは、あなたが住んでいる国の法律により決まっています。スコットランドでは、成人であっても重要な意思決定ができない、または自分自身の権利を守るための行動をとれないと法的に判断されると、裁判所はその人の住居、介護や医療的ケアを決定できる後見人を任命することができます。後見人は、家族や友人、介助者などが務めることもできます。もしだれも適任の人がいなければ、裁判所が英国の地方自治体やサービス提供者から任命することもあります。家族が後見人であっても、地方自治体は後見人である家族の役割を監督し、本人と後見人の双方を訪問する法的義務があります。

　スコットランドにおける意思決定支援の一般原則を、以下に示します。

- 本人に、利益をもたらすものでなければならない
- 必ず本人の希望を考慮に入れるべきである
- 本当に必要な場合にのみ、用いられる
- 自由の制限は、可能な限り最小限なものである
- 本人が自らの意思決定ができない場合にのみ、意思決定が代行される
- 介護者、家族、および本人と密接に関わる人が、協議する

（Mental Welfare Commission for Scotland, 2016）

　法的には、意思決定能力は有りか無しかのどちらかとされます。ただし、人生においてそのように明確であることはめったになく、家族や意思決定支援に関するトレーニングを受けていないスタッフによって、本人の能力の有無が推定されることはよくあります。しかし、まずは当人に会い、その人についてできる限り多くのことを知るためのあらゆる努力をするべきです。そうでなければ、意思決定能力の有無についての決定をするべきではありません［我が国の成年後見人制度については、本書「日本の知的障害と認知症のある人の支援状況を踏まえながら」160頁参照］。

認知症の進行期

　一般の高齢者では、認知症の症状が10〜15年以上続くことがあります。しかし、ダウン症候群のある人では初期の診断が難しいこともあり、進行が早く一般的には5〜7年程度の経過とされています（McCarron *et al*., 2014）。認知症が進行するにつれ、入浴や更衣などの基本的な日常生活動作にも介護が必要となり、食事摂取の問題や失語（脳卒中の後などに見られる、言葉が理

解できなかったり、正しい言葉を発することができなかったりする状態）、嚥下障害や誤嚥（食物が気道に入ること）へ対応が必要となっていきます。誤嚥性肺炎とは、食物や飲み物、さらには唾液や嘔吐物が食道や胃に送り込まれずに、吸い込まれて気管から肺に入ってしまうことで起こります。認知症が進行すると、他の健康問題の有無がわからなくなってしまう可能性があり、本人をサポートする専門家は癌などの生命にかかわる可能性のある他の病気に、常に注意を払う必要があります。

　総じて知的障害のある人では、緩和ケアを受けられることが多くはありません〔緩和ケアについては本章末尾の訳註参照〕。これは、認知症の緩和ケアについての理解不足による場合もあれば、障害福祉サービスの担当者と緩和ケアチームとの間の連携不足による場合もあります。同様に多くの場合、緩和ケアサービスの担当者は、知的障害のある人々に対する支援の知識を持っていません。本来は、このような問題が起こるはずはないのです。緩和ケアとは、人生の終焉を意味するだけのものではなく、さまざまな病気を抱え、症状を緩和する必要があるすべての人のためのものです。緩和ケアは、痛みやその他の身体症状に対処することを目的としています。心理的、社会的、スピリチュアルな問題に対応し、認知症の進行期になってから考慮されるのではなく、診断された時点から利用可能であるべきです。緩和ケアは、自宅、病院、介護施設、ホスピスなどのさまざまな場所や施設で提供され、一般緩和ケアと専門的緩和ケア（緩和ケア専門チームによる）があります。一般緩和ケアの担い手を、以下に挙げます。

● かかりつけ医

- 地域看護師(訪問看護師)またはコミュニティー・ラーニング・ディスアビリティー・ナース[47頁訳註参照]

- 相談支援員(ソーシャルワーカー)

- 介護職(ケアワーカー)

- スピリチュアルケア[スピリチュアルケアとは、霊的なケアを意味するのではなく、患者個人の精神性や価値観を尊重するケアのことです。欧米ではチャプレン(chaplain)と呼ばれる教会外の施設で働く聖職者が担うことが多く、病院や老人ホームでは専属のチャプレンがいることもよくあります。日本でも緩和ケアにおけるスピリチュアルケアの重要性が認識され、現在は主に看護師などの医療職が担っています]の専門家

これらの専門家は、知的障害のあるあなたの家族のケアのニーズを評価することができますが、それとは別に、家族としてのあなた自身のニーズも考慮されるべきです。一般緩和ケアの目的は、以下を提供することです。

- あなたとあなたの家族や友人のための情報、および他のサービスへの案内

- あなたのニーズの正確で総合的なアセスメント

- ケアチームの時間調整

- 基本的な症状コントロール

- 心理面、社会面、スピリチュアルな面と、その実践に関するサポート

- あなたとあなたの家族、友人、あなたをサポートする他の専門家との良好なコミュニケーション

専門的緩和ケアは、緩和医療コンサルテーションチームや緩和ケアを専門とする看護師などの専門家が行います。家族内でのニーズの変化に応じて、一般緩和ケアと専門的緩和ケアの両

方が受けられるべきです。

　家族であるあなたと同じように本人を知ることで、他の家族も人生の最後における希望を知ることができるようになりますが、通常はこのような話合いはあまり行われていません。知的障害のないパートナーであっても、終末期や看取りについて話し合うことは難しく、ダウン症候群のある家族ではなおさらです。

　認知症が進行してから、終末期の問題や、将来の医療課題や住まいについての長期的な方向性についての話合いを開始するのでは、遅すぎます。もし家族の同意が得られない場合には、介護における多くのストレスを抱えながら、さらに難しい話合いをしなければならなくなることを意味します。2016年にスコットランドで知的障害と認知症についての国際会議が開催され、12カ国から合計32人のステークホルダー（家族、政策担当者、研究者、臨床医などの代表）が出席しました[1]。そこで発表された、終末期ケア（end of life care）に関する提言は次のとおりです。

- 知的障害のある人の支援者と緩和ケア提供者の間の協力と、コミュニケーションの強化が必要である
- 終末期ケアにおいても、介護休養と家族へのサポート、在宅医療などと同様に、日中支援も受けられるべきである
- 家族や介護スタッフが、終末期ケアとサポートについての専門

1　2016年10月13から14日に、スコットランドのグラスゴーで「2016知的障害と認知症に関する国際サミット」が開催され、スターリング大学とスコットランド西部大学が主催し、RSマクドナルド・トラスト、スコットランド政府、アルツハイマー・スコットランドが資金を提供しました。また協力スポンサーには、米国の知的障害と認知症の実践に関する全米タスクグループ（NTG）とイリノイ大学シカゴ校が含まれていました。

的なトレーニングを受けられようにする必要がある。それは、痛みの評価とコントロール、水分と栄養の管理を学び、ケアの分担について考えるためのものである。さらに、知的障害がある人々のさまざまなコミュニケーションを確認する必要がある

● 知的障害のある成人は、できれば認知症発症前のかなり若い年齢から、アドバンス・ケア・プランニング(Advance care planning)〔将来の変化に備え、将来的に必要となる医療およびケアについて、患者本人を主体に、家族や親しい人、医療・ケアチームが繰り返し話し合い、患者本人を中心とした意思決定を支援するプロセスのこと〕に参加する必要があるが、これは知的障害のある本人の同意がある場合に限る

　その人の一生の歴史の中で、人生の終焉を定め、意向や希望を知ること、それ自体がその人への祝福であり、最後の日々を

【写真6-1】

＊家族が認知症になる前にその人の好みを知ることで、後の決断がしやすくなります。

自身の手に取り戻すことを可能とします。それは、人生の意義を祝い、他の家族を支えることでもあります(McCallion *et al.*, 2017)。

アウトカムを考える

　人生の最期においても、アウトカムは重要です。終末期のケアについての十分な経験を持つ協力的なスタッフに支えられ、人生の最後の場所や葬儀の希望などの終末期の願いを知り共有することで、〝よりよい最期(Good Death)〟を迎えることができます。現状を維持するためには、社会との関わりを持ち続けること、症状のコントロール、好みや希望への傾聴と、スタッフが本人のアイデンティティと生活の質を尊重することなどが必要です。

　現状を変化させるためには、疼痛コントロールと必要に応じた治療内容の変更、積極的な合併症の治療と管理、そして本人が望めば入院をせずに、どこであろうと人生の最後を迎えることができるようにするための計画が必要です。これは他のアウトカムと同様に、医療的ケア、社会的ケアと、その他の専門スタッフの知識と技術、経験が頼りです。本人に伝わりやすいコミュニケーション方法(必ずしも言葉ではないかもしれません)についての情報を共有しながら、多職種が参加する支援会議において、どのような支援が望ましいかの話合いを続けることが大切です。

〔109頁訳註〕

WHO は、緩和ケア (palliative care services) を「生命を脅かす
病に関連する問題に直面している患者とその家族のクオリティ・
オブ・ライフ (QOL：生活の質) を、痛みやその他の身体的・心理
社会的・スピリチュアルな問題を早期に見出し的確に評価を行い
対応することで、苦痛を予防し和らげることを通して向上させる
アプローチである」と定義しています。これまで緩和ケアとは「癌
の末期などで余命宣告された人に対して、痛みなどの病気によ
る苦痛をできるだけ和らげ、残りの人生を穏やかに送るためのケ
ア」であると理解されていました。しかし、高齢化と認知症患者
の増加に伴い、認知症における緩和ケアの必要性が少しずつ認知
されています。これには、合併するさまざまな症状への対応、心
理的ケア、家族へのケア、終末期の方針の決定などが含まれ、認
知症の軽度の時期から緩和ケアの視点が求められています。

Chapter 7

おわりに

　知的障害のある人の認知症への支援についての政策や、ガイドラインがある国は多くはありません。世界保健機構（WHO）の2012年の報告書「Dementia: A public health priority」（WHO, 2012）では、認知症に対する施策を国家戦略と位置づけ、その推進を呼び掛けています。その中では、さまざまな特別のニーズのある人の認知症についても述べられており、知的障害のある人の認知症への支援もこの戦略の一部とされています。しかし、いまだに知的障害のある人の認知症に対する施策のない国が多く、あったとしてもダウン症候群との関連を示す程度に留まっています。79カ国を対象とした2016年の調査では、知的障害のある人の認知症を政策課題としている国は約37%でした（Watchman *et al.*, 2017）。この割合が非常に低い理由のひとつとして、知的障害やダウン症候群と認知症のある人の数がいまだに推測にとどまり、実際の数を把握できていないということが挙げられます。その人の住んでいる場所、親と一緒か兄弟姉妹と一緒か、または入所施設であるのか、そのようなことも、実際のところはわからないのです。これは、知的障害のある人は認知症と診断された後に、さらに疎外されていることを意味しています。

多くの人は年齢とともに、認知症の初期症状に似た感覚器や健康の変化を経験することになりますが、ダウン症候群をはじめとするすべての知的障害のある人が認知症になるわけではありません。ベースラインの評価を行い、認知症と誤診されるリスクに注意し、本人や家族との対話を続けることで、継続的な支援を提供でき、あらゆる年齢に伴う変化に備えることができるようになるでしょう。さらに、将来の健康問題や介護の必要性について、多くの専門家に相談できるようになるでしょう。

　知的障害のある人では、慣れている環境とそうでない環境では、できることが異なる場合があります。たとえば、遠方に住んでいる親族が自宅を訪問しても、本人は家では問題なく過ごせているので、健康状態の変化に気づかれない可能性があります。しかし、遊びや買い物に一緒に行ったり、慣れない場所に出かけたりすると、以前との違いがはっきりするかもしれません。見知らぬ環境は混乱を招き、時間や場所がわからなくなることがあるからです。また、遠方の会う機会が少ない親戚と定期的に連絡をとることで、毎日接していると気づかないような、認知症の進行に伴う小さな変化に気づくこともあるかもしれません。

　知的障害のあるあなたの家族が支援を受けながら一人暮らしをしている場合や、知的障害のある仲間と一緒にグループホームなどで生活している場合は、スタッフが行動の変化を拾い上げ、適切に対応するためのトレーニングを受けていることが重要です。私はこれまで、一人暮らしのダウン症候群と認知症のある人が、日中の活動が減るにつれ少しずつ外に出なくなり、社会とのつながりが途切れ孤立していくのをたくさん見てきま

した。このことについて質問をすると、「それは、本人が望んだことです」という答えがよく返ってきますが、これはあってはならないことです。スタッフは本来、支援される人の選択と自立を最大限に実現するために研鑽を積むのであり、自分たちのやり方を見直すべきです。またこのような答えは、ケアにおけるトップダウン方式の決め方と言えるもので、認知症の診断後にはスタッフのスキルや支援方法についての学び直しが必要になります。これは、彼らが本人を中心に据えた支援をしていないという意味ではありませんが、しかし現実的には、長期的な目標が変わってくるのです。認知症への対処を怠れば、知的障害のある人々への支援や、重要な対話のための最適な時期を再び逃してしまうことになります。たとえ言葉で会話できず、絵カードなどを使ったコミュニケーションに頼ったとしても、同様です。

　私は本書の冒頭で、認知症とともによく生きるためには、たくさんの人の力を借りる必要があることを強調しました。認知症のない脳の機能を知り、認知症のさまざまな原因を知ることで、家族や支援スタッフが、認知症に関連した行動変化を理解できるようになることを願っています。知的障害がある人に、認知症の診断に関する情報を提供することは、たとえそれが「必要に応じて」行われるものであったとしても、すべての人が適切かつ支持的な方法で自分の病気について知る権利を尊重することになります。そのことによって、長期的なケアと支援のあり方に対する個人の希望に寄り添えるようになるのです。

　最後に以下のことをお伝えして、本書を終えたいと思います。

- 自分自身を大切にしてください。あなたが1人でできることには限りがあります。できることに集中して、支援を受け入れましょう。何が重要で、何が重要でないかを考えてみましょう

- 知的障害のあるあなたの家族と健康の変化について、本人が理解できる適切な方法で話し合ってみてください。友人やパートナーに対して行った説明と同じ内容を、話し合ってください

- 知的障害がある人の長年にわたる人間関係や結婚生活を、知的障害のない人と同じように尊重してください。知的障害のあるパートナー（配偶者）は、当事者に対する支援計画に含まれるのではなく、個人の権利に基づく異なる支援を必要としています

- 知的障害のあるあなたの家族が、ケアや支援について何を望んでいるのかを知っておきましょう。ケアを受けたい場所、本人にとっても意味のある活動とは何か、終末期の希望は何かなどについてです。認知症の診断より前にこのような話合いが行われ、記録されていれば、関わるすべての人にとって、役に立ちます。もちろん、本人の考えは後から変わるかもしれませんが、こうすることであなたは自信を持つことができ、特に「最善の利益」に基づく選択をせざるをえない状況が訪れた場合、家族で意見が合致する可能性が高くなります。これらの話合いを先延ばしにすると、家族内での意見の相違や苦悩が生じる可能性があります

- 認知症の次の段階を見越した、積極的なケアが不可欠です

- ダウン症候群のある人は、若年で認知症を発症します。知的障害とダウン症候群の支援団体は、国内外で団結して、ダウン症候群のある人とその家族に対するより広い認知症施策を啓発していく必要があります

- 医療、社会的ケア、ソーシャルワーカー、その他の専門職のスタッフの教育とトレーニングが必要です。これには、知的障害と認知症のある人とその家族に与える影響、初期の症状に気づいたときから終末期ケアが必要な段階に至るまでよりよい生活を送るための必要な支援などが含まれます。すべてのスタッフに適用され、単発的な活動ではなく、継続的なプロセスでなければなりません

- アウトカム・フォーカス・アプローチをとり、専門スタッフとの直近の目標、短期的、長期的な目標についての話合いを行うことで、あなたとあなたの家族への必要な支援が明確になります。アウトカムを重視することは、あなたの家族の優先事項を達成するのに役立つでしょう。そのためには、医療、行政機関、その他の支援団体との連携が必要です

- 必要な支援や、利用可能な支援についての知識がなくても、それはあなたの責任ではないことを理解してください。しかし、あなたと知的障害のあるあなたの家族は、声を上げていきましょう。あなたの声が大きければ大きいほど、すべての人がよりよく生きることのできる社会につながっていくでしょう

監訳者による
「解説」と「あとがき」

はじめに言葉について

　本書12頁にあるように、言葉は重要です。従来、ダウン症候群のある当事者については「ダウン症の人」または「ダウン症者」、知的障害の当事者については「知的障害者」と表現されることがほとんどでした。しかし本書では、Dr. Watchmanの文章に"person with Down's syndrome""person with an intellectual disability"とあるように、「ダウン症候群のある人」、「知的障害のある人」と記載しています。ダウン症候群は21番染色体のトリソミーに起因する染色体疾患ですが、風邪や肺炎のように治癒を目指す病気とは異なります。ダウン症候群や知的障害があることはその人の一部ではありますが、その人のすべてではありません。このような考え方から、最近は医療の現場においても「ダウン症候群のある人」、「知的障害のある人」と表現することが主流になりつつあります。また、認知症についてもこれまでは「認知症患者」と表現されることが多くありましたが、本書ではDr. Watchmanの文章にある"people with dementia"にならって、「認知症のある人」と記載しています。これらの表現は、医療、福祉、介護、生活のあらゆる場面において、とても大切な示唆を与えてくれるものです。

知的障害のある人の認知症とは

　知的障害のある人も、認知症になることがあります――このように伝えると、多くの医師からはひどく驚かれることがあります。おそらく理由は２つあり、最初の理由は「本当に、知的障害のある人も認知症になるのですか？」というもので、２つ目は「知的障害と認知症の区別はつかないでしょう、診断は不可能ではないですか？」というものでしょう。実際、知的障害のある患者さんが認知機能の低下を疑われて病院を受診しても、診察すら受けられないことがある、と聞いています。他の病院に行くように言われた(でも、どこに？)、あるいは、単に自分の病院では診られないと門前払いをされた、など枚挙に暇がありません。

　本書は、先の２つの疑問に明確な答えを与えてくれています。知的障害のある人も認知症になることは事実であり、一般の人々よりもその頻度が高く、さらに知的障害のある人でも認知症になった場合にはきちんと診断ができ、対応する方法はあるのです。

　――以前は本当に、とても元気な子だったのです。先生、うちの子に何が起こったのでしょう？　これらどうなるのでしょう？

　これは、私が出会ったダウン症候群のある40代の患者さんの、お母様の言葉です。私はこれまでに、このようなご家族の悲痛な声を本当にたくさん耳にしてきました。このお母様は、

当時80歳近い年齢であったと思います。ご本人はもともと明るく活発で、福祉的就労をされており、とても元気な方でした。それが数年前から徐々に会話が減り、動けなくなり、日常生活のすべてにおいて、できていたことができなくなってしまいました。いくつかの病院を受診したものの診断に至らず、私の外来を受診されました。診断は、アルツハイマー型認知症でした。しかし、その時にはすでに認知症がかなり進行しており、それから間もなく寝たきりの状態になってしまいました。当時は私も知的障害やダウン症候群と認知症についての医学的知識がほとんどなく、手探りで診療を行っている状態でしたが、さまざまな海外の研究論文や資料を調べるうちに、海外ではダウン症候群と認知症との関連についての数多くの医学研究が報告されていることを知りました。医学的に当然の事実として、ダウン症候群のある人たちはアルツマイマー病になりやすいリスクがある、と語られており、病態機序についての基礎研究、早期発見と診断の方法、治療やケアなどに関する数多くの学術論文が出版されていました。しかし日本では、先に述べたように医療者においても当事者の方々においても、さらには知的障害のある人やダウン症候群のある人たちを支え、ケアを行っている障害福祉サービスの支援者・介護者においても、これらの事実はまだほとんど知られていないと言っても過言ではありません。そこで本解説では、こうした現状を少しでも改善することができるように、本書の内容についての補足事項を述べたいと思います。必要な医学的知識について整理し、知的障害の医学的側面、ダウン症候群の特徴と認知症との関係などについて、解説していきます。

知的障害の医学的側面

　障害のある人の頻度は人口のおおよそ１％程度といわれており、その頻度は世界各国でほぼ共通です。内閣府の『令和２年版　障害者白書』によれば、日本国内での知的障害のある人の総数は109万4,000人、人口100人あたり0.9人と報告されています[1]。しかしこれは、知的障害の障害者手帳（療育手帳）を取得されている人の数であり、たとえば、身体障害との重複障害のため療育手帳を取得していない人もいるため、実際の人数はもっと多い可能性があります。つまり、知的障害のある人は決して稀ではないのです。これまで知的障害とは、「知的機能の障害が発達期（おおむね18歳まで）にあらわれ、標準化された知能検査での知能指数がおおむね70までのもの」と定義されていました。2013年に改定された米国精神医学会による『DSM-5精神疾患の診断・統計マニュアル』（Diagnostic & Statistical Manual of Mental Disorders, 5th edition: DSM-5）では、この知能検査の結果の数字による基準が大幅に見直され、知的障害とは「概念的、社会的、実用的な領域における知的機能と適応機能の両面の障害」である、と定義されています[2]。知的機能とは、論理的思考、問題解決、計画を立てること、抽象的な思考、判断、学校や経験から得られる学習などの能力であり、適応機能とは日常生活の中でその人に期待される要求に対して効率よく適切に対処す

1　〈https://www8.cao.go.jp/shougai/whitepaper/r02hakusho/zenbun/index-w.html〉（最終確認2021年3月6日）。

2　American Psychiatric Association, *Diagnostic and Statistical Manual of Mental Disorders (DSM-5®) Fifth Edition,* American Psychiatric Association Publishing, 2013, pp.33.

るスキルのことで、対人関係などのソーシャルスキルや金銭管理などの実践的なスキルが含まれます。知的障害とは１つの病気ではなく、複数の原因からなる異なる病態の集まりです。出生前、周産期、出生後18歳までに起こったさまざまなものが原因となり、近年の遺伝子解析技術の進歩によって、先天性疾患によるものが多いことが少しずつ明らかになってきました。

　今日の日本はかつてない高齢化社会に直面しており、世界保健機構（World Health Organization: WHO）の発表した2020年版世界保健統計によると、世界の中で平均寿命が最も長く、84.2歳とされています[3]。知的障害のある人も例外ではなく、英国における調査では、軽度の知的障害のある人の平均余命は一般の人々とほとんど変わらないことが報告されました。しかし、重度の知的障害のある人では、合併する疾患が多い、通常の医療を受けることが難しいなどのさまざまな理由で余命が短くなる傾向があり、オーストラリアの調査では、知的障害のある人全体の平均余命は、男性66.7歳、女性が75.1歳とされています（世界中のどこでも、女性の方が長生きする傾向にあります）。しかしながら、実際には、知的障害の原因ごとに障害の程度、特徴、他の合併疾患の有無、平均余命などは異なり、すべてをひとまとめにして述べることはとても難しいのです。

3　〈https://www.who.int/data/gho/publications/world-health-statistics（最終確認2021年3月6日）〉。

ダウン症候群とは

　一般にダウン症、と略して呼ばれることが多いのですが、医学的に正式には、ダウン症候群（Down syndrome）と呼ばれています。多くの人は、22対（44本）の常染色体と、1対（2本）の性染色体を持っています。染色体とは、DNAにタンパク質が結びつき、棒状の形になったもののことで、細胞分裂のときに現われ、顕微鏡で観察可能なものです。この中には人の遺伝子がすべて含まれており、染色体の数や構造の変化は体質の変化や病気を引き起こすことがあります。その人が持って生まれた染色体の変化に起因する疾患を染色体疾患と呼び、その中で最も頻度の高いものがダウン症候群です。ダウン症候群は21番染色体のトリソミー（通常2本ある染色体が、3本となること）が原因で、母親の出産年齢の高齢化により発症率が上昇しますが、それがすべての原因ではありません。以前は出生約1,000人に1人程度、と言われていましたが、近年その相対数は増加しており、2016年頃までは出生約500人に1人程度と推定されています。発達がゆっくり、筋肉が柔らかいなどの共通した特徴の他に、先天性心疾患などの内臓の病気の合併が多く、成人後の知的障害の程度は非常に幅があるものの、一般に軽度から中等度とされています。かつては非常に短命であり、「（寿命は）20歳を超えない」と表現されていました。しかし医学の進歩によりその余命は飛躍的に伸びており、現在では平均余命は60歳を超え、さらにダウン症候群のある80代以上の高齢者が増えています。寿命が伸びていることはもちろん喜ばしいことではあるのですが、同時に老化・加齢に伴う諸問題と、認知症に向き

合う必要性が増してきました。これまでダウン症候群のある人たちの診療のほとんどは小児科の先生方が担っておられましたが、ダウン症候群のある成人や高齢者を小児科で診療することは現実的ではありません。しかしながら、内科などの多くの成人診療科医師はダウン症候群のある人の診療経験がなく、小児科から内科への移行医療が大きな問題となっています。さらに、ダウン症のある高齢者や成人をどのように診療すれば良いのかについての知見は、日本国内ではまだまだ乏しい状況です。まさに本書の第4章にあるように、現実は待っていてくれず、制度や対策がまったく追いついていないのが実情です。

認知症についてのいくつかの事実

「認知症」の言葉の歴史

　もともとは英語の"dementia"の日本語訳として「痴呆」という言葉が用いられており、痴呆とは医学的には「生後の発達の過程で獲得された、認知、記憶、判断、言語、感情、性格などの種々の精神機能が減退、または消失し、さらにその減退または消失が一過性でなく慢性に持続することによって日常生活や社会生活を営めなくなった状態」と定義されていました。この「痴呆」という言葉が侮蔑感を感じさせる表現である、実態を正確に反映していない、などの理由で、2005年に厚生労働省から行政用語として「痴呆」を「認知症」とする用語の見直しが通知され、以後医学用語、学術用語として認知症に統一されることになりました。「痴呆」という言葉と、「認知症」という言葉は、実際には用語の置換えが主な目的であり、概念を変更するもの

ではなかったはずなのですが、2010年に刊行された『認知症疾患治療ガイドライン2010』では、「認知症とは、一度正常に達した認知機能が後天的な脳の障害によって持続性に低下し、日常生活や社会生活に支障を来すようになった状態を言い、それが意識障害のないときに見られる」と定義されたのです[4]。この「一度正常に達した認知機能」という但し書きのために、「正常」な認知機能に達しない知的障害のある人には、認知症の診断がつけられない、という論理的な矛盾が出てしまいました。現在の『認知症疾患診療ガイドライン2017』では、認知症とは「獲得した複数の認知・精神機能が、意識障害によらないで日常生活や社会生活に支障をきたすほどに持続的に障害された状態」とまとめられています[5]。知的障害のある人においても、当然のことながら日常生活や社会生活はあり、認知症の診断をつけることには矛盾しません。また、本書の中でも繰り返し説明されていますが、認知症とはひとつの病気ではなく状態の呼び名であり、原因となる病気は非常に多岐にわたることを十分に理解する必要があります。認知症全体のうちで、アルツハイマー型認知症が最も多く60〜70%を占め、血管性認知症が約20%、レビー小体型認知症が5%程度を占め、前頭側頭型認知症は約1%程度であると言われています。

認知機能の連続性

　私見ではありますが、「正常」な認知機能とは何でしょうか？　認知機能、知的機能について、どこまでが「正常」で、ど

4　日本神経学会監修『認知症疾患治療ガイドライン2010』(医学書院、2010年) 1頁。

5　日本神経学会監修『認知症疾患治療ガイドライン2017』(医学書院、2017年) 36頁。

こからが「異常」であるかを定義することは、極めて難しいのではないでしょうか。一般の人においても、教育歴や職業内容などによって知的機能には幅があります。また先に述べたように、知的障害の診断は知能検査の結果のみで行えるものではなく、明確な境界はありません。人の神経機能には多様性があり、神経多様性（neurodiversity）という概念が提唱されています。発達障害やメンタルヘルス上の問題など、人々が普遍的に持っている神経学的・精神的な差異を適切に認識し、理解し、尊重することの重要性が議論されています。

ダウン症候群とアルツハイマー型認知症

　本書の３章にあるように、ダウン症候群のある人には認知症の合併のリスクが高く、そのほとんどはアルツハイマー型認知症です。アルツハイマー型認知症は、認知症の中で最も多く約７割を占め、ゆっくりと症状が進行するのが特徴です。アルツハイマー型認知症の多くを占めるアルツハイマー型認知症のある人の大脳の中では、アミロイドβタンパク質と呼ばれるタンパク質が溜っており、老人斑と呼ばれる脳のシミのようなものができてきます。これがたくさん溜まってくると、周囲の神経細胞が影響を受け、働きを失って数が減ってゆく、ということがわかっています。このアミロイドβタンパク質の元となる、アミロイド前駆体タンパク質の遺伝子は21番染色体にあり、つまりダウン症候群のある人ではこの遺伝子の量も1.5倍となるために、若いうちからたくさんのアミロイドβタンパク質が作られ、アルツハイマー型認知症になりやすいと考えられています。アミロイドβタンパク質が溜まり出してから、実際

に認知症の症状が出るまでは20～25年程度かかることが明らかになっており、一般の人ではアルツハイマー型認知症と診断される人の大半は65歳以上の高齢者ですが、ダウン症候群のある人では40歳を超えるとアルツハイマー型認知症の発症のリスクが上昇します。50歳代のダウン症候群のある人の約3割にアルツハイマー型認知症の症状があり、診断時の平均年齢は約55歳、有病率は年齢とともに増加し55歳以上で約6割に及びます。ダウン症候群以外の原因による知的障害でも、一般の人々と比べると認知症の頻度は高く、同年代の一般の人と比べると約2倍の罹患率であることも報告されています。

知的障害のある人に、どのように認知症を診断するか

　知的障害のある人における認知症の実際の診断プロセスについては、本書の第3章に詳しく述べられています。まず最初に行うべきことは、正確な病歴を確認することです。生育歴、これまでの既往歴、認知症の症状を疑ったきっかけ、症状の経過を詳細に確認していきます。一般の人に用いる認知機能の簡易スクリーニング検査は、ほとんど役に立ちません（ただし、以前に同じ検査を受けたことがあり、かつ結果が残っている場合にはこの限りではありません）。丁寧に全身の診察を行い、視力障害の影響、聴力障害の影響、薬などの影響によるせん妄状態、疼痛（これには体のあらゆる痛みが含まれます）、一般的に老化に伴っておこるその他の病気、悲しみなどの精神的な影響について、ひとつひとつ考慮していきます。ダウン症候群のある人では、41頁にあるようにさまざまな合併症があり、白内障や難聴、睡眠時無呼吸、甲状腺機能低下症などは認知機能に影響を及ぼします。

骨粗しょう症の合併も多く、変形性関節症が多いため、これらによる痛みの影響も考慮する必要があります。血液検査、頭部画像検査によるその他の病気（脳梗塞や外傷など）の除外も必須となります。

　そして、認知症の診断において最も重要なことは、47頁に記載されているベースラインの評価です。ダウン症候群のある人においてもその他の知的障害のある人においても、その人のさまざまな機能が最も高く気力・体力ともに充実している時期は、20代前半の頃と考えられています。ほとんどの方は18歳時に療育手帳の成人更新を受けておられるので、できるだけこの時に受けた知能検査の結果を保存していただくように勧めています。また20代前半の頃に、有意語やコミュニケーションの方法、時間や日付の見当識の有無、食事や更衣、排泄や移動などの基本的日常生活動作の自立度、服薬管理や金銭管理ができるかどうか、公共の交通機関が1人で使用できるか、さらには精神症状やこだわりの有無などについて、記載をしておくのが良いと思われます。知的障害のある人の知的機能は非常に幅があり、後の人生のある一点のみを見ても、以前と比べて機能が落ちているのか、変わっていないのかを判断することは不可能だからです。NTG-EDSDのようなアセスメントツールを使用して記載するのも良いでしょう。ただし、DSQⅡDもNTG-EDSDも以前の状態と比べての変化の抽出に主眼が置かれており、現状の記録には適さない項目があることを確認する必要があります。

　実際には、先にあげた病気の他にもさまざまな状態や病気を鑑別していく必要がありますが、以前と比べて確実な認知機能

の低下があり、その他の病気が除外され、進行性の経過をたどれば、それは認知症と診断されることになります。ただし認知症の診断は、現代の医学では完全に治らない病気と診断することでもあります。医師の本音としては、治療可能なその他の病気が見つかり（たとえば、第3章に登場したレイチェルのように！［→54頁］）、治療や適切な対処によって以前のその人が取り戻せるとしたら、こんなに嬉しいことはないのです。

認知症の診断を共有すること

　本書の第4章では認知症の診断を本人と共有し、本人・家族との対話を続けることの重要性を強調しています。私たち医師はこれまで、認知症の診断を受けた本人の心理的負担を考慮し、また、本人には告知をしたくないという家族の心情を配慮するあまり、認知症となった本人への病名告知には消極的でした。癌においても一昔前までは癌の診断を本人に告げないことが多くありましたが、現在ではそのようなことはなく、ほとんどの人が癌の告知を受けています。しかし認知症については、日本ではかかりつけ医からの告知を受けているのは3割程度に過ぎない、と報告されています。医師は病状を正確に伝える義務があり、患者さんは自分に何が起こっているのかについて、正しく知る権利があります。本人が病名を知り、家族、医療者とともにその事実を共有することで初めて、認知症となった本人にとっての望ましい決定が可能となります。最近では認知症の診断を、本人と家族の両方に告知する医師が増えています。認知症の告知は、「治らない病気の告知」から「今後のより良い生活を送るための告知」へと変わっていき、さらに医療者からの一

方的な「告知」から、認知症の「診断を共有すること」(Sharing the diagnosis)へと変わっていくでしょう。認知症の診断の共有についての望ましいコミュニケーションプロセスについては、第4章に詳しく記載されています。重要なことは、本人のコミュニケーションスキルを尊重し、わかりやすい方法でコミュニケーションをとること、本人を中心とした一貫性のある継続的なアプローチをとることです。認知症の診断は、一回限りのイベントではなく、診断後の支援に続く、一連の継続的なプロセスなのです。

診断後の支援と共感的理解

　第5章では、認知症診断後の支援対策について詳しく述べられています。患者さん本人と家族の生活の質(quality of life：QOL)を高めるためには、診断後支援は極めて重要です。そしてここで最初に述べられていることは、介護者・支援者自身へのセルフケア。ともすれば診断後支援については、家族は認知症について理解しましょう、本人の尊厳を守りましょう、などの努力目標として語られることが多いのですが、ここでは介護者自身のセルフケアは、内服治療よりも環境調整よりも大切な最優先事項として、述べられています。介護者の精神的疲労に配慮し、介護負担を客観的に評価して他の人と積極的に分担することの必要性を述べており、これは認知症の患者さんへの支援に関わるあらゆる人にとって、とても重要な視点です。さらに、住環境の工夫と、音楽や個別活動などの重要性、支援のためのテクノロジー、食事介助と食形態の工夫などについて、網羅的に述べられています。高齢化や認知症の症状への対応の原

則は普遍的なものであり、いくつかの住環境の工夫は、狭い日本の家屋でも十分応用が可能と思われます。

97頁の屋外の場所への配慮として、「徘徊とは目的がないことを意味しており、実際にはその人には行きたい場所、つまり目的があり、徘徊と呼ぶのは正しくない」ことが記載されています。これはまったく正しいことで、私の恩師である東京女子医科大学脳神経内科名誉教授の岩田誠先生は、著書の中で「認知症における二人称的参画」の重要性を強調されています。岩田先生は、「関係性には一人称的、二人称的(我と汝)、三人称的(我とそれ)の３つがあり、近代科学はこの三人称的関係性の上に成り立っている。客観的な事実を積み上げることでその仕組みを記述し、その中でのでき事が予測できるようになり、医療はこれまでこの三人称的アプローチをとっていた。認知症患者の一見支離滅裂に思われる行動への対処にあたっては、患者がなぜそのような行為をするのかを『解明』するのではなく、『了解』することが重要である」と述べられています[6]。認知症患者さんの行動においてもほとんどの場合は、何らかの主観的な理由があり、目的があります。しかし記憶障害のために後から尋ねても、その理由はわからなくなってしまいます。「我と汝」の世界、すなわち二人称的な関係は、その時々に応じて相対的に変わっていくもので、常に患者さん本人に問いかけることで、たとえその答えが現実の状況とは一致していなかったとしても、本人の行動を了解することができるようになる、と述べられています。これは知的障害のある人に対する非言語的コミュニ

6 　岩田誠『臨床医が語る認知症と生きるということ』(日本評論社、2016年)、岩田誠「医療のおける二人称的参画」医療コンフリクト・マネジメント7巻(2018年)3〜6頁。

ケーションにおいても同様です。この了解は共感へと繋がり、これがケアの原則となります。大事なのは認知症そのものの診療ではなく、認知症のある患者さんの診療であること、患者さんの〝こころ〟すなわち何を考え、何を感じているのかを共感的に理解することが一番大切である、と述べられています。

望ましい未来を実現させるための方法を考える

　本書の中で繰り返し述べられているもう一つの重要な点は、常にアウトカムを意識したアプローチであるアウトカム・フォーカス・アプローチです。アウトカムとは、日本語では結果、または成果と訳されますが、日本語の成果は「何かを努力して成し遂げた良い結果」としての意味合いが強く、ここではあえてアウトカム、と表現しました。このアウトカム・フォーカス・アプローチでは、現状の困りごとをなるべく細かく分析し、現状を維持したいことと、変えて行きたいことの2つに分けて、それぞれに対する対策を練ることを提案しています。英語圏の文章は結論が先に来る構成(Conclusion first)であり、これ自体は目新しい概念ではないかもしれませんが、日本語の文章はほとんどが結論が最後に来る構成(Conclusion last)であり、時として目的と手段が曖昧となってしまいます。個別の支援計画会議などにおいても、新しい介護方法をとること、または支援者がそれを頑張ることそのものが目的に設定されることが少なくなく、目的と手段を取り違えてしまっているようなことも経験します。筆者はこれを明確に整理し、常に望ましいアウトカムを設定することの重要性を述べており、このアウトカム・フォーカス・アプローチを意識することはとても有効と考えら

れます。さらに、このアプローチ方法は介護だけではなく、日常生活などでの困り事や教育の現場でもとても有用なのではないかと思われます。

おわりに

　本書は、筆者であるDr. Karen Watchmanの知的障害のある人たちの支援における長年の経験に基づいて書かれもので、文章の端々から関わってきた方々との深い友情と信頼関係を感じます。彼らの（一般の人であれば当然得られるはずの）権利擁護のための長い戦いに思いを馳せ、親よりも先に認知症を発症したダウン症候群のある人たちの家族の心情に配慮し、介護者のセルフケアの大切さを強調しています。本書を読むと、知的障害や認知症のある人たちとその家族の困り事は、国境を超えて共通のものだということがわかり、さらに医師である私たちの日常の診療においても、重要な気づきをたくさん与えてくれています。認知症になったことでその家族の人生の旅は、これまでとは少し異なったものになるかもしれませんが、その輝きは少しも変わることはないのでしょう。WHOは世界中のあらゆる国で高齢化が進んでいるとして、2020年より「健康な高齢化の10年（Decade of Healthy Ageing）」の取組みを開始しています。それに先立ち、2012年の報告書「Dementia: A public health priority」の中で、特別なニーズのある人たちの認知症について述べており、先住・少数民族や移民、性的マイノリティ（LGBTQ）、知的障害、若年性認知症への配慮についての認識

の必要性が述べられています[7]。今後日本の認知症政策において
も、このような多様性の観点からの政策が実現されることを
願ってやみません。

　翻訳にあたっては、なるべく平易な文章を心がけ、医学用語
や専門用語には訳註を記載しました。現在の臨床神経学と照ら
し合わせて飛躍のある表現などに対しては、なるべく原文を損
なわないように最小限の加筆・修正を行っています。武蔵野大
学教授木下大生先生とは、冒頭で述べたダウン症候群や知的障
害のある人の認知症についての文献を調べていたときに、木
下先生らのグループが作成されたDSQⅡD日本語版と、英国
のThe British Phycological Societyより出版された『Dementia
and People with Intellectual disabilities』の日本語版である『知
的障害と認知症』を拝見したことがきっかけでお会いすること
ができ、以後さまざまなお仕事でご一緒させていただいていま
す。本書は医療者にも大きな気づきと学びがあり、このような
機会をいただいたことを心から感謝しております。また、本書
の医学的記載内容についてコメントをくださった、北里大学精
神科の大石智先生にも感謝を申し上げます。大石先生は、精神
疾患に関する私の疑問にいつも快く的確に答えてくださり、大
変に感謝しております。

　本書をこれまでに出会ったダウン症候群や知的障害のある患
者さんと、そのご家族・支援者の皆様に捧げます。皆様の患者
さんへの深い愛情と、献身的な介護と医療への協力により、実
現した本です。この本を手にとった方々が、「よし、それなら

7　〈https://www.who.int/mental_health/publications/dementia_report_2012/en/（最
　終確認2021年3月6日）〉。

ば、もう一度頑張ってみよう！」と日々の介護への活力になる
ような内容になっていれば幸いです。最後に、なかなか筆の進
まない私たちを辛抱強く待ってくださり、いつも的確なご指摘
を下さった、現代人文社の齋藤拓哉さんに、心からの感謝を申
し上げたいと思います。

―――「そうか、これが人生か。さらばもう一度！」
　　　　　　　　　　　　　ツァラトゥストラかく語りき

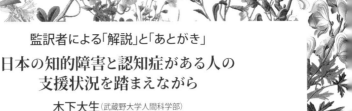
はじめに

　本書の出版は、私にとって大変に感慨深いものです。というのは、私が知的障害のある人の認知症に関心を寄せ始めた当初は、このテーマに関する情報が日本にはほとんどなく、このように書籍を発刊する日が来ることなど、夢にも思っていなかったためです。

　知的障害のある人の認知症について情報の収集を始めたのは今から約10年前の2009年頃でした。このきっかけとなった出来事は、ほぼ同時期に、知的障害者入所更生施設（当時）の支援員、特別養護老人ホームの生活相談員、また当時所属していた知的障害者施設の入所者のご家族から、「知的障害のある人は認知症になるのでしょうか？」という質問を受けたことでした。正直なところ、当時はまったく情報を持ち合わせていなかったので、「知的障害・認知症」のキーワードで国内の論文や書籍を探しました。すると「早期老化」などのキーワードは見つかるものの、「知的障害・認知症」というテーマを見つけることはほとんどできませんでした。

　そこで、あまり期待はしなかったものの、海外の研究に目を転じたのですが、結果は私にとって衝撃的なものでした。知的

障害のある人の認知症について、疫学、知的障害者用の認知症早期判別尺度の開発、適切な支援方法などをテーマとした研究や書籍が数多く刊行されていたためです。日本はこのテーマの研究が遅れている、それどころか、知的障害のある人が認知症になること自体がよく知られていないということを感じ、ひどく気持ちが焦ったことが昨日のように思い出されます。

その後、知的障害者用認知症判別尺度日本語版DSQIIDの開発、施設に入所されている方の認知症症状の特徴や支援状況、また課題について調査を継続して行ってきました。この10年間研究に取り組んだことで、わずかながらではありますが、日本の知的障害のある人の認知症の状況を明らかにすることができたのではないかと思います。

ところで、諸外国と比較して日本では知的障害のある人の認知症について、なぜここまで情報がなかったのでしょうか。憶測の域を超えませんが、これは、知的障害のある人は、病院への受診がしにくいことが慣習的にあることが挙げられるのではないでしょうか。すなわち、病院にかかろうとすると、検査や治療を円滑にできない可能性について指摘され敬遠されるとの声が、ご本人や保護者からよく聞かれること、また知的障害のある人が医療につながりにくい状況は、さまざまな調査の結果としても示されています。幼少期からのかかりつけの小児科医が、青年期、中年期、老年期にまでわたって診察しているとのこともよく耳にします。つまり、老年期を専門とする医師の診察を受けることが困難であることから、知的障害のある人の認知症にあまり注意や関心が払われなかった結果なのでしょう。

以上のように、これまで知的障害のある人の認知症にあまり

関心が払われていなかった(と考えらえる)こともあり、本人、家族、支援者は認知症による本人の変化を、〝老化〟程度に捉えてきたのではないかと思います。そういった認識が、これまで日常的に行っていたことが、認知症のためにできなくなってきている状況に対して、「甘えている」「さぼっている」「やる気がない」などと誤って認識し、不適切な関りや支援に繋がってしまっていたケースの事例も少なくないようです。

　知的障害のある人、特にダウン症候群がある人は、より早期に高い割合で認知症になる可能性が指摘されています。そのための準備や具体的な支援の提案がされている本書の出版は、認知症の症状がある知的障害のある人に対する、適切な支援を検討する大きな一歩につながることを期待しています。

　さて、前置きが長くなりましたが、ここでは解説とあとがきを記します。ただ解説といっても、すでに本文において知的障害と認知症のある人の医療や支援のあり方について多くの知見が紹介されていますので、私の役割は、ところどころ本文の内容に対して、日本の状況などを補足していく、というイメージでとらえて頂ければと思います。各章ごとに記していきますが、解説をあまり必要としない章や私の専門外である医療を中心とした章があるため、章ごとの解説の分量に偏りが生じることはあらかじめご了承ください。

解説「第1章　はじめに」

日本の知的障害がある人の状況
　第1章では知的障害のある人の寿命が伸びていること、また

家族ケアについて扱っています。残念なことですが、日本では疫学の観点からの知的障害のある人のビック・データがないに等しい状況です。例として、ダウン症候群のある人やダウン症候群がない知的障害のある人の平均寿命のデータがないことがあげられます。そのため、本文にあるように平均寿命が伸びている、というように断言はできないのですが、他の調査結果からそのように予測することはできます。関連するデータは少ないですが、日本の状況を見ていきましょう。

　内閣府の統計によると、在宅の知的障害のある人の年齢の推移を見ると、65歳以上の人は、1995年は2.6％に過ぎなかったのが、約20年後の2016年には15.5％に上昇しています（図1参照）。また日本知的障害者福祉協会の2009年から2013年の調査から、60歳以上の施設入所者の状況をみると、19.8％から

図1　年齢階層別障害者数の推移（知的障害児・者〔在宅〕）

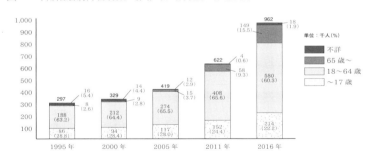

＊四捨五入で人数を出しているため、合計が一致しない場合がある。
出典：内閣府「令和元年版　障害者白書」〈https://www8.cao.go.jp/shougai/whitepaper/r01hakusho/zenbun/siryo_02.html（最終確認2021年4月12日）〉。
資料：厚生労働省「知的障害児（者）基礎調査」（～2005年）、厚生労働省「生活のしづらさなどに関する調査」（2011年、2016年）。

25.2％に上がっています[1]。このように、在宅の人も施設に入所している人も、統計上65歳以上の人が増加しています。ここから、日本でも知的障害のある人の寿命が伸びているように考えられます。

本文にあるように、それ自体は大変喜ばしいことなのですが、一方で高齢化によるさまざまな課題が生じてきていることも事実です。たとえば、日本知的障害者福祉協会の障害者支援施設に対する調査において、「高齢化が問題になっている」と回答した割合は8割にも上っています[2]。しかし、「高齢化・老化が問題になっている」と回答した施設のうち、高齢化・老化に対して「特別なプログラム」の用意については、約5割が「ない」と回答しています。

では、高齢化が問題になっている人への対応で何が難しいと感じているのでしょうか。それは「日常生活行動における援助・介助」です（表1参照）。この設問の読み方はいろいろとあると思いますが、この中に認知症のある人が包含されていることが考えられますが、ここではその詳細まではわかりません。このように、日本では知的障害のある人のデータが不足しています。まずは状況を把握し、課題分析をするためにも情報が必要です。今後の調査等による情報の収集が求められます。

さて、「知的障害と認知症とともに、よく生きる」の節で記されているように［→14頁］、認知症のある人の権利擁護活動は全世界的に行われています。日本においても厚生労働省が主導で行っている認知症施策推進総合戦略「新オレンジプラン」など、

1　日本知的障害者福祉協会編『全国知的障害児者施設・事業実態調査報告書』平成20年度版9頁、平成21年度版9頁、平成22年度版9頁、平成23年度版9頁から筆者が算出して比較。

2　日本知的障害者福祉協会編『平成24年度　全国知的障害者施設・事業実態調査報告書』（2014年）40頁。

表1　高齢化が問題となっている人への対応で苦慮している事項 (複数回答)

(%)

	2009年	2010年	2011年	2012年	2013年
日常生活行動における援助・介助	85.6	86.0	85.9	84.6	84.0
保健・医療ケア	73.4	75.3	75.5	73.6	74.6
建物・設備	52.0	51.3	58.0	50.7	46.0
リハビリテーション	30.1	29.4	29.4	27.6	28.1
心のケア	15.8	14.8	13.4	15.6	13.0
活動 (クラブ・趣味等)	19.9	19.6	19.6	21.2	21.7
その他	2.2	2.4	2.4	2.2	2.4
施設数	1,024	1,043	1,080	1,035	900

＊2009～2011年は「入所更生施設」「入所授産施設」「施設入所支援」者の合計から算出し、2012年、2013年は「施設入所支援」の数から算出した。
出典：日本知的障害者福祉協会『全国知的障害児者施設・事業実態調査報告書』2009年、2010年、2011年、2012年、2013年より作成。

一般の人の認知症については国の施策として行われています。ただ、この中に、知的障害と認知症のある人への言及はありません。一方、米国には、知的障害のある人の認知症についての研究を行っている、ナショナル・タスク・グループ・オン・インテレクチュアル・ディスアビリティーズ・アンド・ディメンティア・プラクティシズ(National Task Group on Intellectual Disabilities and Dementia Practices: NTG)があります。NTGは非営利団体で、アルツハイマー型認知症やその他の認知症の原因となる知的障害のある人、およびその家族や友人の利益を、アルツハイマー型認知症に対応するための国家計画の一部としていくことを目的としています。つまり、米国では認知症の知的障害のある人への対応を国家レベルで考えている、ということです。一方で、日本政府は、知的障害のある人が認知症になること自体があまり認識されていないと考えられます。というのも、「新オレンジプラン」にも知的障害のある人について触れられていないですし、国や自治体に作成義務がある「障害者計画」にお

いても知的障害のある人の認知症についての言及はほぼ見ることはできません。日本では、まず政府をはじめ、自治体、施設等の関係者が、特にダウン症候群がある人が認知症に、より早期に高い割合でなることを知ることから始めなければならないと考えます。

アウトカム・フォーカス・アプローチ

　本書には、日本ではあまり馴染みのない専門用語がいくつかでてきます。アウトカム・フォーカス・アプローチはその中のひとつです。この用語は、本書の中での鍵となる大変重要な概念ですので解説を加えたいと思います。アウトカム・フォーカス・アプローチは日本語に訳すと「結果に焦点を合わせたアプローチ」となりますが、これが本書でのアウトカム・フォーカス・アプローチのニュアンスをすべて含まない、また伝わりにくい、と判断したので、そのままカタカナ表記としました。

　アウトカム・フォーカス・アプローチは、「家族や支援者は、知的障害のある本人が設定した優先順位の高い事柄を達成することを目指すべきである」という考え方を基本としています。そしてその「優先順位の高い事柄を検討し続ける」ことが大切と説明されています［→15頁］。つまり、本人の意思や好みに基づき、達成目標を定め、その達成を目指した支援を行うことを基本とします。ただ、一度立てた目標をそのままにするのではなく、随時本人の意思を確認しながら、優先順位の高い達成目標を変えることも求められています。またこのアウトカムには、「現状を維持する」「変化を促す」の２種があり、そのためには何が必要かという観点から考えていくことが重要です。詳しくは

本文をご参照ください。

解説「第2章　認知症とは何か？」

　第2章では、脳の機能と認知症の種類について説明されています。認知症の種類としては、アルツハイマー型、血管性、レビー小体型、前頭側頭型の4つが紹介され、それぞれの症状の特徴が示されています。認知症の症状や進行は個人差が非常に大きいことから、どの種類の認知症であるか、またその認知症の症状や経過一般化されている症状が当てはまらないこともあります。ただ、病型によって示されている症状や経過を参考にしながら、今後どのような経過をたどるのか、未来の予測をしながら支援することで、本人、家族や支援員の不安解消につながりますし、適切な支援につながる可能性が高まること、またそのための準備もできることが考えられます。

　ただし、先にも触れたように、認知症は個人差が大きいため、予測や計画を立てたとしてもその通りに行くとは限らないことには留意が必要です。そのことについては、本文にも、認知症の4つの種類の症状の重複もあるということが書かれていますのでご確認ください。

解説「第3章　健康上の変化に気づく」

変化に気づくための知見

　第3章では「健康上の変化に気づく」とのタイトルの通り、変化に気づくために必要な知見が豊富に記されています。本書が

認知症についてのものですので、認知症にまつわる内容になっています。ただ、本人に何かしら変化が生じたとしても、拙速に認知症に結びつけるべきではないことが書かれています。その理由は、認知症に似た症状が表れる他の治癒する可能性がある病気などがあるためです。

　一方認知症は、残念ながら現段階では治癒しないとされています。そこで、変化を発見した際にすぐに認知症と結びつけて断定してしまうと、治癒する可能性を逃してしまうことになります。したがって、認知症を想起させるような症状を誘発する病気を知っておくことは非常に重要です。

　具体的な病気等は本文で確認していただくとして、こちらでは英国の研究機関で推奨されている内容を紹介します。知的障害のある人の中で自身の不調を訴えることが難しい人がいることは本文の中にもありました。その場合に以下に示す6点が、何かしらの変化を誘発している可能性を指摘しています。そこで、何か変化を見つけた際は以下の6点を示した順番で確認してみてください。これらを確認したうえで、それぞれの項目のどれにも当てはまらないようであれば、初めて認知症を疑う、ということが勧められています。この重要性は、本書の「レイチェル」の事例からもよくわかることです［→54頁］。

表2　認知症が疑われる際の確認事項

確認すべき変化の原因	具体的内容
①身体面の問題	怪我などによって身体に痛みがある、痒みなどの不快さがある。
②感覚面の問題	視覚、聴覚などに変化が生じている。
③メンタルヘルスの問題	精神的な疾患を発症している。
④虐待	身体的・経済的・ネグレクト・心理的・性的虐待を受けている。
⑤ライフイベントの影響	日常生活ではあまり経験しない嬉しい・悲しい出来事があった。日常生活に大きな変化が生じた（学校の卒業・引越しなど）。
⑥劣悪な環境による影響	本人の住まいや社会的な接点がある場所の劣悪な環境。住居や通っている学校や勤務先などが想定される。

出典：独立行政法人国立重度知的障害者総合施設のぞみの園編『国立のぞみの園10周年記念紀要』（2014年）47頁。

ベースラインの重要性

　ところで、知的障害のある人の認知症は診断が難しいとされており、特に初期症状は見過ごされることが非常に多いとされています。また、一般的によく使用されている、本人にさまざまな問題への回答を求める認知症の簡易判別テストなどは、知的障害のある人には向いておらず使用が困難とされています。そのような状況を改善するため、知的障害がある人用の認知症判別尺度の開発が数多く試みられています。世界を見渡すと、これまで開発された知的障害がある人用の認知症判別尺度は140近くにも及びます。このように数多く開発はされていますが、有料であったり、医師や心理師のみしか使用が許可されていなかったり、検出率が低かったりと課題も少なくありません。

　そのような中で、入手が容易で使い勝手もよい、DSQ Ⅱ Dの使用が本書で推薦されています。これは2007年に英国で開発されたもので、現在では世界で広く使用されています。なお、DSQ Ⅱ Dは、筆者を含む研究チームが、2012年に日本語版が作成しています。こちらは無料で入手できますので是非使用し

てみてください。他の尺度と比較して、DSQⅡDが優れているところは、本人が直接行うのではなく、本人と6カ月以上関りがある家族や支援者が判断して項目に回答していく、行動監察尺度である、ということです。つまり、本人の理解力によって判別ができない、本人が直接行わなければならない、といったことがありません。

　また、DSQⅡDは本書で推奨されているベースライン評価としても使用できると考えています。ベースライン評価を行っておく重要性は、本書の中で再三強調されていますので、ここでは踏み込みませんが、障害者支援施設の支援員へのヒアリングや、講演をした際の感触から、ベースライン評価という概念は、日本にはほとんどなかった、あるいは浸透していないことを強く感じています。もちろん日本の障害者福祉実践で構築されてきた方法を否定するつもりはまったくありません。ただ、この章のレイチェルの事例でも言及されているように、ベースライン評価は、年齢を重ねていく際の変化の発見に非常に役に立つこと、言い換えると、ベースライン評価をしていないと変化の有無を判断・評価することが難しいという現実を突き付けられることになります。これについては、本文においても、本人に近しい人ほど微細な変化を見過ごしてしまいがちであることが指摘されています。

　また、ベースラインを記録しておくメリットは他にも考えられます。たとえば、障害者支援施設の支援員の入れ替わりが多い際には、それぞれの人について、何をどのくらいできるか、ということについての情報は抽象的であるため、記録をしにくい傾向があります。その抽象的な情報は、年月を経るにつれ、

またその間に人が入れ替わることによって、より抽象度を増していくことでしょう。そして、その方の過去について振返りをしようとしたときには、その抽象度が増した記録を頼ったとしても、その人の昔の像は薄れてわからなくなっている、ということが少なからずあるのではないでしょうか。そのように考えると、客観的な指標による評価は、過去のその人をいきいきとよみがえらせ、現在の本人と比較をすることに大変役立つことになるのではないかと考えます。

解説「第4章　認知症について話し合う」

私たちのことは私たち抜きで決めないで

　さて、第4章で書かれている内容から、私が取り上げたいのは、「本人がわからないと決めつけない」「知的障害のある人のルームメイトや友人への説明」「生活歴の重要性」「状態をよくするための計画」の4点についてです。これは、本文の解説から少し離れた、補足的な内容になります。

　本人がわからないと決めつけないことの重要性が書かれています。これは、少し大きな話になりますが、障害者の権利条約が作られる際に、障害のある当事者から出された"Noting about us without us（私たちのことは私たち抜きで決めないで）"というスローガンに通じていると思います。認知症の診断を受け、これからどのようにしていくかについて考える必要が生じた際、本人も診断結果を知ること、またこれからの計画を立てることに参画する権利があります。これまで「権利擁護」を中軸に据えながら本人を支えてこられたはずですので、ここでも本人の権

利は尊重されなければなりません。これは、本章で書かれている内容でまず再確認・再共有しておきたかった事項です。ただし、その権利があることはよく理解しつつも、本人の状況を鑑みると、伝えないほうが良いと考えられるケースもあります。言うまでもないことですが、伝えること、伝えないこと双方のメリット、デメリットを熟考したうえで、最終的に決定していくことが望まれます。要は、はじめから「本人はどうせわからないだろう」という決めつけで、本人の権利を奪ってしまうことはないようにしましょう、ということです。

　このことは、本章の「友情と人間関係」の節[→74頁]に通じることです。ここでは、グループホームの共同生活において、認知症によってこれまでと行動や言動に変化がある人に対して、同じ知的障害がある仲間や友人が疑問に思う、怖いと思うことなどについて言及されています。ここで言いたかったことは、先ほどの「どうせわからないだろう」という考えを、仲間や友人に対して持ってしまうこともあるかもしれません。しかし、そのように決めつけるのではなく認知症そのものについてや、現在何が起こっているかを説明することを諦めてしまってはいけない、ということです。アメリカにおける研究の紹介ですが、グループホームで共同生活する中で、利用者の1人が認知症になり、そのことについて他の利用者に時間をかけ、順序だてて認知症についての理解を深めるセッションを行ってみた結果、認知症の利用者に対して、他の利用者が易しく接するようになったり、できなかったりすることを補い協力するようになった、という結果が示されています。このような状況が必ず生まれるとは限りませんが、本人にとっても他の利用者にとっ

ても心地の良い環境を作り出すことにつながる可能性が少しでもあるのであれば、試みない手はないと思います。

生活歴とライフ・ストーリー・ワーク

　さて、第4章ではライフ・ストーリー・ワークが紹介されています[→70頁]。内容については本文にあるのでここでは割愛します。このライフ・ストーリー・ワークに欠かせないのが、本人の生活歴です。幼少期から、少年期、青年期、中年期、高齢期のそれぞれの時期に、何をしていたか、誰と過ごしていたか、何を好んで行っていたか、好きな食べ物は何であったか、など、その記録は詳細であればあるほど良いと考えられます。その理由は、あまり適切な表現ではないかもしれませんが、認知症は言ってみれば記憶が後退していくものです。新しいことから徐々に忘れていくという経過をたどるため、現在本人が、これまでの人生のどの時代にいるのかの見立てをして、その時代に合わせた支援や対応をすることにより、本人が心地よさを覚える可能性が高まるとされています。ただ、障害者支援施設に対する調査を行っていく中で、「これまでの生活歴がよくわからない」「先ばかり見ていて過去を振り返るという考えが薄かったため生活歴の情報を得て記録をあまりしていない」といった発言が少なくないことがわかってきました。高齢期の知的障害のある人を支えていくためには、生活歴が不可欠である、という認識がもっと広がるべきであると考えています。今からでも、今後は本人の生活歴のできるだけ詳細な情報を記録に残すようにするとよいと考えます。

　生活歴の記録のポイントですが、いつ、どこで、誰が（誰と）、

何を、なぜ、どのように(5W1H)を明確に記すことが求められます。この際、主観はできるだけ排除して、客観的に記載することが必要です。また、大きなイベントを中心に書きがちですが、日常生活の中での本人の好みや習慣を記録しておくことも認知症がある人への支援においては大変重要です。この他にも、文字ではなく、写真や絵で本人のライフ・ストーリーを作成してみるのもよいかもしれません。それを作成することで、本人が文字を読めなかったとしても、写真や絵を見ることで本人が自身のこれまでの人生を振り返ることができ、また、現在、どの時期の記憶の中で生活しているかを把握することに役立つかもしれません。そのような役割があることを考えると、人物の写真とともに、本人が好きだったものや場所などの写真や絵も一緒に収めておくことも提案しておきます。

現状を良くするための計画

　第4章の内容についての最後の解説は、アウトカム・フォーカス・アプローチにおいて強調されていることのひとつである「現状をよくするための計画」について取り上げます[→78頁]。私は日頃から知的障害がある人の支援の特徴として、何かスキルを身に着けることに力点が置かれていると評価しています。そして、私はこれを「獲得の支援」と呼んでいます。これも現状を良くするためのものですが、本書に出てくる「現状を良くするための計画」は、先に説明した「獲得の支援」とは一線を画します。すなわち、できなかったことをできるようにするための支援ではなく、できていたことでできなくなったことの補完をどのようにしていくか、という趣旨であることの理解が必要で

す。もちろん、認知症になると新しい知見の獲得は無理である、と言っているわけではありません。ただ、認知症が進行していく中で、新たなスキルを身に着けるための訓練は本人にとって苦痛になる場合があります。そして、認知症の特性としてこれまで獲得したスキルを喪失していきますので、その部分を補完することを考えよう、という意味であることを知っておいてください。

解説「第5章　認知症診断後の支援対策」

緩和ケア

　第5章では認知症の診断を受けた後の支援について中心的に書かれています。具体的な支援についてわかりやすく説明されていますが、初めに扱われているトピックは、本人への支援内容についてではなく、家族介護者の支援についてです。これは、知的障害のある本人はもとより、家族介護者の大変さを十分に理解し、家族にも伴走し続けてきたウォッチマン博士ならではの視点だと感じました。この話に関連してひとつ紹介しておきたいのが緩和ケアの話です。WHOの緩和ケアの定義は、「緩和ケアとは、生命を脅かす病に関連する問題に直面している患者とその家族のQOLを、痛みやその他の身体的・心理社会的・スピリチュアルな問題を早期に見出し的確に評価を行い対応することで、苦痛を予防し和らげることを通して向上させるアプローチである」とあります[3]。ここで特に強調しておきた

3　日本緩和ケア医療学会〈https://www.jspm.ne.jp/proposal/proposal.html（最終確認2021年3月6日）〉。

いことは、緩和ケアの対象には家族が含まれている、ということとです。緩和ケアは「生命を脅かす病に関連する問題に直面」していることに焦点化されますが、本書ではその考え方をもう少し広げて捉えましょう、という提案です。もう少し付言すると、認知症のある人を支えている家族も自分自身のケアを考えてください。苦しんでいたり不安だったり大変なのは本人だ、という気持ちが先に来て、ご自身のことは後回しにしがちかと思いますが、不安やストレスは蓄積していくものです。是非、家族である皆さんは自身のケアについても忘れないようにしてください。第三者である支援者には、家族の声を聞いたり、疲労へ配慮したりと、家族が休むための社会資源の情報提供をしていくことが求められます。

認知症診断後の支援

　さて、ここからは認知症診断後にどのような支援をしていくべきかについて、大別すると、住環境を工夫すること、音楽、屋外の場所、認知症支援センター、支援のためのテクノロジー、食事の対策の6項目について詳細に書かれています。知的障害のある人の認知症の研究については、大雑把に分けると、疫学、判別尺度の開発と支援方法について研究がされています。このうち、疫学と判別尺度開発についての研究は進んでいるのですが、支援の研究はあまり進んでいないという印象を持っています。そんな中、本書が提案する支援のアイディアは、情報が少ない中において、とても貴重であるため、家族や支援者の大きな助けになると確信しています。ただ、認知症の症状は本当に人それぞれで個人差が大きいため、本書で紹介されている支援

方法がすべて当てはまるとも限りません。

　ここで私から皆さんにお伝えしたいことは、一般の人の認知症支援のノウハウが知的障害と認知症がある人の支援にも役に立つことが多くある、ということです。このことをことさらに強調して書く理由は、これまで知的障害と認知症のある人への支援に携わった人を対象とした筆者自身による聞取り調査の経験にもあります。2015年頃に「うちは早い段階から知的障害のある人が認知症になることに気づき、独自に支援方法を確立してきました」という施設の支援員の皆さんに対して「一般の人の認知症支援を参考にしたり、取り入れたりしていますか？」と質問しました。その回答は「考えたこともなかった」というものでした。つまり、一般の人の認知症と知的障害のある人の認知症を別物と切り離して考えていた、ということです。知的障害のある人の認知症は一般の人のそれと比較して、発見が困難である、ということが指摘されています。しかし、まったく違うものである、という指摘等はありません。そこで、提案したいのは、すでに構築されている、一般の人の認知症支援を最大限援用する、ということです。一般の人が認知症になった場合の支援がすべて知的障害のある人で認知症のある人に適用するとも限りません。しかし、言ってみれば、記憶が後退していくという認知症の特徴、またそこから生じる不安、戸惑い、恐れ、といった気持ちを理解し寄り添う、という基本は同じはずです。

　2015年に、知的障害のある人の支援状況と展開されている実践を学びに英国を訪れました。内閣府に相当する省庁にヒアリングに行った際の帰り際に、「また是非イギリスの障害福祉を学びに来てください。ところで、イギリスはこれから高齢化

がさらに進んでいきます。その中で喫緊の対策は認知症のある人の支援についてです。いろいろ調べましたが、一番進んでいるのは日本だと思っていますので、是非今度、日本の認知症支援について学ばせてください」と職員の人に言われました。他国からも注目される日本の認知症がある人への支援から学ばない手はないかと思っています。

解説「第6章　これから何が起こるのでしょうか？」

親なき後（あと）

　日本では、知的障害がある人の家族間でよく登場する「親なき後」という言葉があります。説明するまでもなく、親が亡くなった後、残された知的障害のある子、はどのように生活していくべきか、という心配についてですが、ここでは、「親なき後」について取り上げられています。

　知的障害のある人、とりわけダウン症候群のある人は認知症に若いうちからなるリスクがあり、その症状が表れた場合、いわゆる老障介護になる、またそれが難しい場合は兄弟姉妹などの親族がその役割を担う可能性が生じることについて触れられています。そのような状況が突然訪れて、途方に暮れてしまうこともあるかもしれないので、予測しうる状況を想定して計画を、それが難しかったら方向性だけでも考えておくことが推奨されます。またその際、本人はどこで過ごすのが良いか、ということが検討されるべきであると考えます。いざとなった際の居住の場の確保は容易ではないためです。また確保する事だけではなく、現在ある社会資源からどこで過ごすのか、というこ

とを決定することも簡単ではないと考えます。

　日本では、障害者総合支援法において地域生活拠点のサービスが開始されています。地域生活支援拠点とは、障害者の重度化や高齢化、また「親なき後」を見据え、住み慣れた地域で継続して暮らすために、さまざまな支援を切れ目なく提供することを目指した体制です。このサービスができたことにより、地域で継続した生活を送ることの可能性が高まりました。

　この他にもグループホームや入所施設という選択肢もあるかもしれません。ただこの場合に生じる問題が、障害のある人を対象としたグループホームや施設がよいか、高齢者を対象としたそれがよいのかの判断に迷うことが考えられます。疫学的な観点から知的障害のある人の認知症の研究が進んでいる米国においても、どちらがより良いのか、という研究が散見されます。また、日本の状況を知るために、障害者支援施設に対して、「入所者に認知症の症状が表れた際に、どこで過ごすのが良いか」について尋ねた調査を行いました。結果は、障害者支援施設で過ごすのがよい、が一番選択されていました（表3参照）。

表3　知的障害と認知症がある人の居住先として適した場所についてのアンケート結果（複数回答）

知的障害と認知症のある人の居住先として適した場所	％
入所者は知的障害のある人が中心で高齢者に特化した棟等を持つ障害者支援施設へ入所	68.7
以前から入所している施設において継続して生活をする	56.6
高齢の知的障害のある人が中心のグループホーム	49.4
特別養護老人ホーム	28.9
認知症支援に対応している病院	25.3
認知症対応型共同生活介護	19.3
介護老人保健施設	7.2
有料老人ホーム	3.6
その他	12.0

出典：木下大生『認知症の知的障害者への支援──「獲得」から「生活の質の維持・向上」の支援へ』（ミネルヴァ書房、2020年）123頁。

この調査は、障害者支援施設の支援員のみを対象としたので、回答に偏りがあることは否めないのですが、調査を行った者として思ったことは、これのみしか選択肢が作れない、という日本は知的障害のある高齢者に対する社会資源が乏しい、ということでした。私見に過ぎないのですが、これまで日本の福祉制度の設計は、知的障害のある人が高齢化する、ということを念頭に置いていないものであったのではないかと考えます。もしそうであったとしたのであれば、制度設計や構築していた時代にはそもそもそういった問題、つまり、知的障害のある人の高齢化はなかったのかもしれません。しかし、状況が変化してきている現在、制度がその状況に対応していくことが求められます。地域生活拠点はその第一歩だったと捉えられますが、施設入所支援においてはまだ対応が不十分であるように思います。これについては、今後、何が不足していて、どのように改善していくべきか、について検証が必要です。この検証は研究者や実践者のみではなく、家族も大きな役割を果たせます。今後の計画を立てる際に、さまざまな場面や状況を想定するかと思いますが、その際に「こういうサービスがあればよいのに」ということが出てくるでしょう。そういった声をあげることが新たな制度に繋がっていくと考えます。

成年後見制度とは

　さて、本文では英国の後見制度について触れられていました。成年後見制度は国によって制度の内容がかなり異なりますが、何らかの理由で判断能力が十分ではない人の財産管理や意思決定の支援や代理を行う成年後見人を選定してその実務を遂行し

ていく制度です。英国では、2005年に「意思決定能力法（Mental Capacity Act.）」が制定され、成年被後見人の意思決定についての5大原則[4]とともに、支援の指針も示されており、世界の中において進んでいる制度であると言えます。では日本の制度はどのようになっているでしょうか。以下では日本の成年後見制度の概要をお伝えします。

日本の成年後見制度は、認知症、知的障害、精神障害、高次脳機能障害などの理由で判断能力が不十分な状態と判断される人の財産を守ること、生活の質を維持・向上させることを目的とした制度です。前者を財産管理、後者を身上監護といいます。

財産管理は、成年後見制度を利用する成年被後見人等が所有する財産を適切に管理・処分することです。たとえば、本人が不動産を所有している場合、判断能力が不十分であることにより、本人の意思に反して、また不利益が生じる売買契約が結ばれてしまったりすることを防ぐということが挙げられます。また、日常生活のための少額の金銭管理なども財産管理の範囲に含まれます。

一方身上監護とは、成年被後見人等の生活の質の維持・向上のための関わりのことを言います。たとえば、住居がない場合

4　5大原則とは、「人は、意思決定能力を喪失しているという確固たる証拠がない限り、意思決定能力があると推定されなければならない（第1原則：意思決定能力存在の推定の原則）」「人は、自ら意思決定を行うべく可能な限りの支援を受けた上で、それらが功を奏しなかった場合のみ、意思決定ができないと法的に評価される（第2原則：エンパワーメントの原則）」「客観的には不合理に見える意思決定を行ったということだけで、本人には意思決定能力がないと判断されることはない（第3原則）」「意思決定能力がないと法的に評価された本人に代わって行為をなし、あるいは、意思決定するにあたっては、本人のベスト・インタレストに適うように行わなければならない（第4原則：ベスト・インタレストの原則）」「そうした行為や意思決定をなすにあたっては、本人の権利や行動の自由を制限する程度がより少なくてすむような選択肢が他にないか、よく考えなければならない（第5原則：必要最小限の介入の原則）」のことである。菅富美枝『イギリス成年後見制度にみる自律支援の法理──ベスト・インタレストを追求する社会へ』（ミネルヴァ書房、2010年）27〜28頁。

は住居の確保をしたり、生活環境が整っていなかったら整備する手続を、入院の必要があれば入院の手配や手続を、また、支援が必要となり自宅生活の継続が困難になった場合などは、施設等への入所契約をしたりします。

〈成年後見制度の種類〉
　成年後見制度は大別すると、法定後見制度と任意後見制度の２種類に分けられています。法定後見制度は、法律による後見制度で、本人の判断能力が十分でなくなったときに、親族等が家庭裁判所に後見等の開始を申し立て、家庭裁判所が成年後見人等を選任する制度です。成年後見人等としているのは、法定後見制度には本人の判断能力の程度に合わせて「後見」「保佐」「補助」の３つの類型が用意されているからです。財産の管理・処分をするという視点から見た場合、「後見」は、本人が管理・処分ができない状態、「保佐」は本人がつねに援助が必要な状態、「補助」は本人が援助が必要な状態に峻別されます。
　任意後見制度は、契約による後見制度で、自分の判断能力が十分ではなくなったときのことを想定して、事前に本人が選択・指名した人に、自分の財産管理や身上監護などの事務について代理権を付与する内容の委任契約を結んでおく制度のことです。この代理人のことを任意後見受任者といいます。本人の判断能力が低下すると、任意後見受任者が本人の同意を得て、家庭裁判所に対し、任意後見監督人選任の申立てを行い、任意後見が開始されます。本人と事前に決定しておいた契約（任意後見契約といいます）の内容について、任意後見人は、家庭裁判所が選任した任意後見監督人の監督を受けながら、本人に代わっ

表3　法定後見制度の概要

	後見	保佐	補助
対象となる人 （本人）	判断能力が まったくない人	判断能力が 著しく不十分な人	判断能力が 不十分な人
申立てができる人 （申立人）	本人、配偶者、四親等以内の親族、検察官、市町村長など		
申立てへの本人の同意	不要	不要＊	必要
医師による鑑定	原則として必要	原則として必要	原則として不要
成年後見人等が 同意または取り消す ことができる行為	日常の買い物などの 生活に関する行為以 外の行為	重要な財産管理の権 利を得喪する行為等 （民法13条1項記載の 行為）	申立ての範囲内で 裁判所が定める行 為（民法第13条1項記 載の行為の一部に限る。 本人の同意が必要）
成年後見人等に 与えられる代理権	財産に関するすべて の法律行為	申立ての範囲内で裁 判所が定める特定の 行為（本人の同意が必 要）	申立ての範囲内で裁 判所が定める特定の 行為（本人の同意が必 要）

＊本人以外の者の請求により、保佐人に代理権を与える審判をする場合、本人の同意が
　必要になります。
出典：東京都家庭裁判所東京家庭裁判所立川支部「成年後見申立の手引き――東京家庭
　　　裁判所に申立をする方のために」（2014年3月）4頁を一部改変。

て財産管理や身上監護を行います。

　任意後見制度は、本人があらかじめ指名した人を任意後見人
とできる制度であるのに対し、法定後見人等は、家庭裁判所が
本人の家族や第三者の中から成年後見人等に最もふさわしい人
を選任します。なお、第三者成年後見人等は、社会的に信用が
ある資格職として、弁護士、司法書士、社会福祉士が多く選任
されています。

　一般的には、成年後見制度についてはまだ周知が十分なされ
ていませんが、任意後見制度も導入され、自分の将来を自分で
決めるということも可能となっています。将来的に判断能力に
不安がある人は成年後見制度の利用について今のうちから検討
しておくことをお勧めします。

〈成年後見制度の利用方法〉

　成年後見制度を利用するには、本人、配偶者、四親等以内の親族等が申立人として、家庭裁判所に後見開始の申立てを行います(家族・親族がいないことにより後見開始の申立てができない場合、市町村長などが申立てを行うこともあります)。申立てに必要な書類は、裁判所のホームページからダウンロード、もしくは直接裁判所で交付してもらうことができます。

　手続が煩雑であり、また書類への記入事項も多岐にわたるため、成年後見制度の利用を検討する際は、居住自治体の相談窓口(障害者、高齢者対応の窓口)にまずご相談ください。

認知症の進行期

　知的障害のある人の認知症は、一般の人より進行が速いことが指摘されています。これは、知的障害のある人は認知症になる、ということとセットで知っておくべき非常に重要な情報です。特に、支援をしていくうえで先を予測し備える、という意味において重要ですが、それに加えて、〝揉め事〟を回避するためにも重要だと考えます。これを推奨する理由は、以下に紹介する事例を知ったためです。

　ある障害者施設で、入所者に認知症の症状が表れました。ダウン症候群がある人で、それまでコミュニケーションは非常に円滑に取ることができ、多くの身の回りのことが自立している方でした。しかし、認知症の症状が出現してから、1年程度の非常に短い期間のうちに、これまでできていたことができなくなったり、円滑だったコミュニケーションが難しくなったりしました。そして、心身機能も著しく低下し寝たきり状態になっ

てしまいました。このような状況下、施設側も本人の家族も、知的障害のある人が認知症になること、また、なった場合は進行が速い場合があることを把握していなかったことから、家族から施設に対して、「施設側の支援の質が低かったから本人があっという間に寝たきり状態になってしまったのではないか」という強い苦情になった、というケースです。このケースを知った際に思ったのが、相互に大変な思いをされた、ということ、また、知的障害のある人の認知症について正確な情報を共有できていれば、先の予測や物理的、また精神的な準備につながったのではないか、ということです。そのようなことから、知的障害のある人の認知症についての情報は、本人、家族、支援者等の関係者に広く知られるべき情報だと考えるようになりました。皆さんにも是非正確な情報を多くの方に伝えていただきたいと思います。

痛みと緩和ケア

　さて、緩和ケアは第5章で取り上げられていましたが、本章でも再度取り上げられています。第5章では、緩和ケアの範囲は家族も含む、ということについて解説しましたが、ここでは本人に焦点化した内容について2点取り上げます。

　1つは痛みについてです。本文には日常生活、いわゆるADLにおける注意点などが書かれているのですが、私がここで強調したいのは、本人の〝痛み〟についてです。これは、元々自身から表出することが難しい人が少なくない中で、認知症になったことでさらに難しくなることが考えられます。本人をよく知る家族や関りが長い支援員であっても、本人が痛みを抱え

ていても気づけない場合があることが想定されます。したがって、本人と関わる人たちは、何かしら痛みを抱えていないか、ということに常に注意を払う必要があると考えます。その一番のヒントとなるのは、やはり〝変化〟です。微細であったとしても何かしらいつもと様子が違うことが見受けられたら、本人が痛みを抱えているのではないか、と疑ってみることが必要です。これは、149頁で紹介した「表2　認知症が疑われる際の確認事項」に通じています。

　もう1つは、本書の著者であるウォッチマン博士が、緩和ケアは終焉を意味するだけのものではなく、認知症と診断された時点から利用可能であるべき、と主張していることを家族や支援者は認識しておく必要があるということです。ただし、一度緩和ケアを専門としている医師と話した際に、痛みは主観的なものなので、どこから緩和ケアをしていくかの判断が難しい、ということをうかがいました。その際に、すぐに頭に思い浮かんだのが、知的障害のある人は緩和ケアの対象としてみなされているか、ということです。これについての正解はわからないのですが、痛みをみずから訴えることが難しい、あるいは周囲が判断しにくい可能性がある人の場合、緩和ケアをする／しないの判断は、専門医であっても難しいのではないかと感じました。これについては、今後検証をし、知的障害のある人が緩和ケアを受けにくい状況なのであれば、改善する提案をしていく必要性があると考えているので、皆さんと共有しました。

解説「第7章 おわりに」

さて、知的障害のある人の認知症を知る旅もいよいよ最終章となりました。第7章では世界保健機構(WHO)が2012年に認知症に対する施策を国家戦略として位置づけ、その推進を呼びかけていること、その中に知的障害のある人の認知症への支援についても言及されていることが紹介されています。米国などにおいて、認知症がある人への支援についての国家戦略の中で、知的障害のある人で認知症のある人についての専門チームのナショナル・タスク・グループが結成されているほどです。しかし、肌感覚に過ぎないのですが、残念ながら日本では、いまだに知的障害のある人が認知症になるという事実認識が、政策を構築していく政府・省庁に、まだ広がっていないように感じています。冒頭にも書いたのですが、知的障害と認知症がある人の支援のテーマに2009年より携わっている中で、多くの関係者、関係者になるべき人たちに多くお会いしてきました。しかし、知的障害のある人が認知症になること、またそれにより本人、家族や支援に携わっている人々が支援に困難を感じていることについては、ほとんど認識されていませんでした。

つまり、WHOや他国では認知症支援の国家戦略の中に知的障害のある人もその対象に包含されている状況の中で、日本ではそこまで到達するために、いましばらく時間がかかってしまいそうだ、ということです。ただ、冒頭でも見たように知的障害のある人の高齢化は日々進行しており、さらに知的障害のある人、とりわけダウン症候群がある人は、一般の人に比べて認知症になりやすいこと、また支援に携わっている人々が支援に

課題を感じていることが明らかになっている中で、「まだ時間がかかりそうだ」と悠長に構えていることはできないと思っています。では我々にできることは何であろうか、と考えたときに、少なくとも2つのことが思い浮かびます。1つは、知的障害のある人の認知症について正しい知識を得ること、2つは困っているという状況を声にしてあげていくことです。

　ジョエル・ベスト(Joel Best)というアメリカの社会学者が社会問題について「社会に内在する状態について関心を喚起する取り組みによって人々に認識されたもの(傍点部筆者)」と定義しています[5]。これを知的障害のある人の認知症に当てはめて考えると、知的障害のある人が認知症になるという事実は、この段階では状態に過ぎません。そこに何も課題を感じていなければ、社会に関心を喚起する取組みを行う必要はないのかもしれないですが、もしそこに課題が生じている場合は、まず知的障害のある人が認知症になる、そして現在の制度枠組みやサービス内容では支援をするにあたり不十分である、ということを社会に知ってもらうことが必要となります。そこで声を上げる必要性が生じます。知ってもらうことで、社会に認識され、初めて「社会課題」と認識されるためです。

　WHOや米国の話に戻りますが、国の認知症支援方策の中に知的障害のある人が入るためには、以上のようなプロセスが必要となります。国の方策に入ればすべて解決するわけではありませんが、少なくとも制度・政策構築に結びついていく可能性が高まること、またそれにより、より多くの人が知的障害のあ

5　ジョエル・ベスト（赤川学訳）『社会問題とは何か――なぜ、どのように生じ、なくなるのか？』（筑摩書房、2020年）23頁。

る人の認知症について認識することにつながるのではないかと考えます。このように、国や人々の関心を喚起し巻き込んでいくことが、社会を動かし、それが本人のウェルビーイングの向上への近道であるように考えるのです。我々は、第1章で登場したニッキーのようにそろそろ〝戦士のマント〟を装備する必要があるように感じています。

あとがき

　この10年の間、知的障害のある人の認知症の支援について、アンケートやヒアリング調査を試みたり、あるべき方法を模索したりしてきました。そして、調査で明らかになったことや、家族や支援者から得た知見は、できるだけ多くの人に知っていただこうと、論文、雑誌に寄稿したり、研修会を開催したりしてきました。はじめは得られた情報に対するニーズはあまりなかったのですが、いつかこの情報が役に立つ、という信念をもって調査・研究を継続していました。そうしているうちに、徐々に、ゲノム研究者や医師、障害者支援団体や支援施設などから連絡をいただくようになってきました。

　その後、障害者支援団体や施設から、研修会の要望の声が大きくなるにつれ、自分が取り組んでいる小規模な研究では、知的障害のある人の認知症、特に支援の方法についての情報を必要としている人々のニーズに対して不十分だと思うようになりました。

　そこで最新の情報を提供していこうと、海外の文献を当たりました。しかし、どの書籍も分厚く難解な内容の専門書ばかり

で、しかも支援の具体的方法について書かれているものが見当たらなかったのですが、2017年になって、ようやく家族や支援員に最適な本書を見つけることができました。

　早急に翻訳をして情報を必要としている皆さんにお届けしようと思ったのですが、一人で訳す自信もなく、有志を募って翻訳会を開始したのが2018年でした。翻訳会は、滑出しは非常に順調でしたが、回数を重ねるにつれ、翻訳会メンバーそれぞれが非常に多忙であったこと、また私の転職等も重なり、徐々にペースが落ちてきてしまっていました。しかし、現代人文社からの出版の話がもちあがり、そこから持ち直して、メンバーでなんとか翻訳を終えることができました。

　さらにここから、より正確さを期すため、東京都北療育センターの竹内千仙先生、常磐大学のケビン・M・マクマナス先生に監訳者として加わっていただき、また現代人文社の齋藤拓哉さんにもお手伝いいただき、監訳作業を進めました。コロナ禍の中、対面で作業を進めることができず、オンラインで何回も会議を重ねながら、ようやく監訳作業を終了しました。以上のような手続を経て、皆さんのお手元に本書を届けることができました。私が知る限りでは、本邦初の認知症と知的障害のある人の支援に関する書籍です。認知症で困っている本人、家族、支援に携わっているすべての人々に本書の内容が役に立つことを願ってやみません。

　最後に、翻訳会メンバー、監訳メンバーの皆様のお力がなければ原典が日本語になることはありませんでした。心から感謝申し上げます。また、筆が遅々と進まない私に対して、ご自身も認知症の勉強をしながら叱咤激励してくださったのが、現代

人文社の齋藤拓哉さんでした。齋藤さんのお力がなければ、日本語になった原稿が書籍になることはありませんでした。心からの謝意を表します。

References

A

Abbey, J., De Bellis, A., Piller, N., Esterman, A., Giles, L., Parker, D. and Lowcay, B. (2002) *Abbey Pain Scale*, funded by the JH & JD Gunn Medical Research Foundation 1998–2002. Available at: prc.coh.org/ PainNOA/Abbey_Tool.pdf, accessed on 1 December 2016.

Alzheimer's Australia (n.d.) *Dementia Language Guidelines*. Available at: www.fightdementia.org.au/files/NATIONAL/documents/language-guidelines-full.pdf, accessed on 1 December 2016.

Alzheimer Scotland (2015) *Teaching Charter for People with Dementia Living in Scotland*. Edinburgh: Alzheimer Scotland.

Alzheimer's Society (2014) *Assessment and Diagnosis, Factsheet 426*. London: Alzheimer's Society.

Alzheimer's Society (2016) *Carers of People with Dementia Struggling in Silence*. Available at: www.alzheimers.org.uk/site/scripts/news_article.php?newsID=2552, accessed on 1 December 2016.

B

Bowes, A. and McColgan, G. (2013) Telecare for older people: Promoting independence, participation and identity. *Gerontology* 35 (1), pp.32–49.

British Psychological Society (2015) *Dementia and People with Intellectual Disabilities: Guidance on the Assessment, Diagnosis, Interventions and Support of People with Intellectual Disabilities Who Develop Dementia*. Leicester: British Psychological Society.

C

Courtenay, K. and Eady, N. (2014) Medication treatment of dementia in people with intellectual disabilities. In K. Watchman (ed.) *Intellectual Disability and Dementia: Research into Practice*. London: Jessica Kingsley Publishers.

D

Deb, S., Hare, M., Prior, L. and Bhaumik, S. (2007) Dementia Screening Questionnaire for

Individuals with Intellectual Disabilities. *The British Journal of Psychiatry* 190 (5), pp.440–444.

Dementia Engagement and Empowerment Group (2014) DEEP *Guide to Language*. Available at: dementiavoices. org.uk/, accessed on 1 December 2016.

Dementia Friends (2016) *Dementia Friends*. Available at: www. dementiafriends.org.uk/, accessed on 1 December 2016.

of Dementia. Edinburgh: Alzheimer Scotland, Action on Dementia.

Foundation for People with Learning Disabilities (2013) *Thinking Ahead: A Planning Guide for Families*. London: Foundation for People with Learning Disabilities.

Fray, M.T. (2007) *Caring for Kathleen: A Sister's Story about Down's Syndrome and Dementia*. London: British Institute of Learning Disabilities.

Elliott, M. and Gardner, P. (2016) The role of music in the lives of older adults with dementia ageing in place: A scoping review. *Dementia: The International Journal of Social Research and Practice* 48 (1), pp.2–27.

Evenhuis, H.M., Kengen, M.M.F. and Eurlings, H.A.L. (2007) *Dementia Questionnaire for People with Learning Disabilities* (DLD). UK adaptation. Antonio, TX: Harcourt Assessment.

Fearnley, K., McLennan, J. and Weaks, D. (1907) *The Right to Know? Sharing the Diagnosis*

Hanney, M., Prasher, V., Williams, N., Jones, EL. *et al*. (2012) Memantine for dementia in adults older than 40 years with Down's syndrome (MEADOWS): A randomised, double-blind, placebo-controlled trial. *The Lancet* 379 (9851), pp.528–536.

Kamminga, J., Kumfor, F., Burrell, J.R., Piguet, O., Hodges, J.R. and Irish, M. (2014) Differentiating between right-lateralised semantic dementia and behavioural-variant frontotemporal dementia: An examination of clinical characteristics and emotion processing. *Journal of Neurology, Neurosurgery & Psychiatry* 1–7. Doi:10.1136/jnnp-2014-309120

Kerr, D., Cunningham, C. and Wilkinson, H. (2006) *Pain Management for Older People with Learning Difficulties and Dementia*. York: Joseph Rowntree Foundation.

Kerssen, C., Kunar, R., Adams, A.E., Knott, C.C., Matalenas, L., Sandford, J.A. and Rogers, W. (2015) Personalized technology to support older adults with and without cognitive impairment living at home. *American Journal of Alzheimer's Disease and Other Dementias* 30 (1), pp.85–89.

Lewis, N. (2004) People with down's and dementia face discrimination, say campaigners. *Nursing Older People*. Available at: http://journals.rcni.com/doi/abs/10.7748/nop.16.7.5.s7, accessed on 1 December 2016.

McCallion, P., Hogan, M., Santos, F.H., McCarron, M. *et al.* (2017) Consensus statement of the International Summit on Intellectual Disability and Dementia related to advanced dementia and end-of-life care.

Journal of Applied Research on Intellectual Disabilities in press.

McCarron, M., McCallion, P., Reilly, E. and Mulryan, N. (2014) A prospective 14-year longitudinal follow-up of dementia in persons with Down syndrome. *Journal of Intellectual Disability Research* 58 (1), pp.61–70.

Mental Welfare Commission for Scotland (2016) *Welfare Guardianship*. Available at: www.mwcscot.org.uk/the-law/adults-with-incapacity-act/welfare-guardianship, accessed on 1 December 2016.

National Institute for Clinical Excellence (NICE) (2016a) Donepezil, galantamine, rivastigmine and memantine for the treatment of Alzheimer's disease, Technology appraisal guidance [TA217]. London: NICE. Available at: www.nice.org.uk/guidance/ta217?unlid=, accessed on 1 December 2016.

National Institute for Clinical Excellence (NICE) (2016b) *Dementia: Supporting People with Dementia and Their*

Carers in Health and Social Care. Clinical Guideline [CG42]. London: NICE. Available at: www.nice.org.uk/guidance/cg42/chapter/1-guidance?unlid=239643 3622016122950, accessed on 1 December 2016.

National Task Group (NTG) on Intellectual Disabilities and Dementia Practices (2012) *'My Thinker's Not Working' A National Strategy for Enabling Adults with Intellectual Disabilities Affected by Dementia to Remain in Their Community and Receive Quality Supports*. Chicago, IL: NTG. Available at: www.aadmd.org/ntg/thinker, accessed on 1 December 2016.

NTG-Early Detection Screen for Dementia (2013) *Early Detection Screen for Dementia*. Available at: http://aadmd.org/sites/default/files/NTG- EDSD-Final.pdf, accessed on 1 December 2016.

Playlist for Life (2016) *Playlist for Life*. Available at: www.playlistforlife.org. uk, accessed on 1 December 2016.

Regnard, C., Matthews D., Gibson L., Clarke C. and Watson B. (2003) Difficulties in identifying distress and its causes in people with severe communication problems. *International Journal of Palliative Nursing* 9, pp.173–176.

RNIB (2016) Key information and statistics. Available at:www.rnib.org.uk/ knowledge-and-research-hub/key-information-and-statistics, accessed on 1 December 2016.

Royal College of Psychiatrists (2016) *Psychotropic Drug Prescribing for People with an Intellectual Disability, Mental Health Problems, and/ or Behaviours that Challenge: Practice Guidelines*. London: Faculty of Psychiatry of Intellectual Disability.

Strydom, A., Livingston, G., King, M. and Hassiotis, A. (2007) Prevalence of dementia in intellectual ability using different diagnostic criteria. *British Journal of Psychiatry* 191, pp.150–157.

Todorov, A. and Porter, J. (2014) Misleading first impressions: Different for different facial images of the same person. *Psychological Science* 25 (7), pp.1404–1417.

Tuffrey-Wijne, I. and Watchman, K. (2015) Breaking bad news to people with learning disabilities and dementia. *Learning Disability Practice* 18 (7), pp.16–23.

Watchman, K., Janicki, M.P., Splaine, M., Larsen, F.K., Luccino, R. and Gomiero, T. (2017) International summit consensus statement: Intellectual disability inclusion in national dementia plans. *Journal of Alzheimer's Disease and Other Dementias* in press.

Watchman, K., Kerr, D. and Wilkinson, D. (2010) *Supporting Derek: A Practice Development Guide for Staff Supporting People with a Learning Difficulty and Dementia*. Edinburgh: Joseph Rowntree Foundation/ University of Edinburgh.

Watchman, K., Tuffrey-Wijne, I. and Quinn, S. (2015) *Jenny's Diary: Supporting Conversations about Dementia with People Who Have an Intellectual Disability*. London: Alzheimer's Society/University of the West of Scotland. Available at: www.learningdisabilityanddementia.org/jenniesdiary.html, accessed on 10 January 2017.

WHO (2012) *Dementia: A Public Health Priority*. Geneva: Alzheimer's Disease Association/World Health Organization.

Wilson, L.R. (2014) Understanding the process: Links between Down syndrome and dementia. In K. Watchman (ed.) *Intellectual Disability and Dementia: Research into Practice*. London: Jessica Kingsley Publishers.

York Health Economics Consortium (2012) *Telecare for People with Dementia: Evaluation of Renfrewshire Project*. York: York Health Economics Consortium/Scottish Centre for Telecare and Telehealth/ Joint Improvement Team.

Index

サ

著者

カレン・ウォッチマン (Karen Watchman)

　英国スコットランドのスターリング大学(University of Stirling, Scotland, UK)で、加齢と老化、フレイル、認知症のSenior Lecturerを務める。20年以上にわたり、知的障害、高齢化、認知症ケアの分野で実践と学術研究の両面で活躍してきた。研究と教育活動に加えて、これらのテーマに関する実践的トレーニングや講義を英国内外で定期的に行っている。スコットランド、クラックマンナンシャー在住。

監訳者

木下大生 (きのした・だいせい)

　武蔵野大学人間科学部教授。博士(リハビリテーション科学)、社会福祉士。専門は、知的障害者支援、ソーシャルワーク。認知症がある知的障害者と罪を犯した知的障害者の支援のあり方を探求している。著書に『認知症の知的障害者の支援──「獲得」から「生活の質の維持・向上」の支援へ』(ミネルヴァ書房、2020年)、『ソーシャルワーカーのジリツ』(共著：生活書院、2015年)など。

竹内千仙 (たけうち・ちせん)

　東京都立北療育医療センター内科医長。医学博士、神経内科専門医、総合内科専門医、臨床遺伝専門医。専門は、脳神経内科学、臨床遺伝学、遺伝カウンセリング。主に先天性疾患のある人の、成人後の医療に携わる。誰もが当たり前に参加できる社会を目指し、日々の診療と研究を行っている。著作に「医学的側面からみた知的障害者の高齢化」発達障害研究42巻3号(2021年)、「成人期を見据えたダウン症候群のある児への関わり」小児保健研究79巻1号(2020年)など。

ケビン・M・マクマナス (Kevin M. McManus)

　常磐大学人間科学部コミュニケーション学科助教。修士(言語学)。専門は、第二言語としての英語教授法(TESL/TEFL)。日本語が第一言語の学生の英語の効率的な学びについて研究している。著書に『Living as Global Citizens: An Introduction to the Sustainable Development Goals』(共著：南雲堂、2021年)。

有賀道生（ありが・みちお）

桐の木クリニック院長。児童精神科医師、博士(医学)。国立重度知的障害者総合施設のぞみの園診療所長を経て現職。ライフワークとして医師の立場から女子少年院にも関わり続けている。著作に「発達障害と少年非行·犯罪」精神科治療学29巻増刊号(2014年)。

木口恵美子（きぐち・えみこ）

鶴見大学短期大学部准教授。博士(社会福祉学)、社会福祉士。知的障害者支援施設等を経て現職。知的障害者の自己決定支援や自立生活支援に関心を持ち続けている。著書に『知的障害者の自己決定支援——支援を受けた意思決定の法制度と実践』(筒井書房、2014年)、『パーソナルアシスタンス——障害者権利条約時代の新・支援システムへ』(共著：生活書院、2017年)など。

近藤寛子（こんどう・ひろこ）

一般社団法人ヨコハマプロジェクト代表。障がいのある子どもの出産・子育て支援や国内外の情報発信を行うとともに、規制・制度の在り方に関する調査研究に従事する。著者に『改革の過程から規制の進化を探る——原子力検査制度の変化と一貫性を両立させるコーナーストーンとは』(ERC出版、2019年)。

清野絵（せいの・かい）

国立障害者リハビリテーションセンター研究所障害福祉研究部研究室長。博士(学術)、精神保健福祉士。障害者の心理社会的支援、主に精神障害、発達障害のある人や家族の支援のあり方を研究している。著書に『ポストナラトロジーの諸相——人工知能の時代のナラトロジーに向けて1』(共著：新曜社、2021年)など。

知的障害と認知症
家族のためのガイド

2021年4月27日　第1版第1刷発行

著　者　　カレン・ウオッチマン
監訳者　　木下 大生、竹内 千仙、ケビン・M・マクマナス
発行人　　成澤 壽信
編集人　　齋藤 拓哉
発行所　　株式会社 現代人文社
　　　　　〒160-0004　東京都新宿区四谷2-10八ッ橋ビル7階
　　　　　振替　00130-3-52366
　　　　　電話　03-5379-0307（代表）／FAX　03-5379-5388
　　　　　E-Mail　henshu@genjin.jp（代表）／hanbai@genjin.jp（販売）
　　　　　Web　http://www.genjin.jp
発売所　　株式会社 大学図書
印刷所　　シナノ書籍印刷 株式会社
ブックデザイン　　Nakaguro Graph（黒瀬 章夫）

検印省略　PRINTED IN JAPAN　ISBN 978-4-87798-782-4　C3036
©2021 in Japana by KINOSHITA Daisei, TAKEUCHI Chisen, Kevin M. McManus